Text und Fotos von
Marie Laforêt

Backen ohne Milch und Ei

Vegane Desserts

{ DANK }

Mein Dank geht an Geoffrey, der geduldig alle Desserts (sogar
die misslungenen) probiert und mir bei der Zusammenstellung
dieses Buches geholfen hat. Ein großer Dank auch an meine
Mama, die mich immer in allen Situationen wunderbar unter-
stützt. Danke auch an Anne – eine herrliche Verkosterin – für
ihre Begeisterung und an alle Feinschmecker, die mir mit ihrer
Meinung bei der Ausarbeitung der Rezepte geholfen haben.

Titel der französischen Originalausgabe:
DESSERTS GOURMANDS SANS ŒUFS NI LAIT
© Éditions La Plage, Paris, 2012

Text und Fotos von Marie Laforêt

Aus dem Französischen von Petra Westphal.

Umschlaggestaltung: DSR – Werbeagentur Rypka/Thomas Hofer, A-8143-Dobl/Graz

Der Inhalt des Buches wurde vom Autor und vom Verlag nach bestem Wissen überprüft, eine Garantie kann jedoch nicht übernommen werden. Die juristische Haftung ist daher ausgeschlossen.

Bibliographische Information der Deutschen Nationalbibliothek
Die Deutsche Nationalbibliothek verzeichnet diese Publikation in der Deutschen Nationalbibliographie; detaillierte bibliographische Daten sind im Internet über http://dnb.d-nb.de abrufbar.

Hinweis:
Dieses Buch wurde auf chlorfrei gebleichtem Papier gedruckt. Die zum Schutz vor Verschmutzung verwendete Einschweißfolie ist aus Polyethylen chlor- und schwefelfrei hergestellt. Diese umweltfreundliche Folie verhält sich grundwasserneutral, ist voll recyclingfähig und verbrennt in Müllverbrennungsanlagen völlig ungiftig.

Auf Wunsch senden wir Ihnen gerne kostenlos unser Verlagsverzeichnis zu:
Leopold Stocker Verlag GmbH
Hofgasse 5 / Postfach 438
A-8011 Graz
Tel.: +43 (0)316/82 16 36
Fax: +43 (0)316/83 56 12
E-Mail: stocker-verlag@stocker-verlag.com
www.stocker-verlag.com

ISBN 978-3-7020-1438-4

Layout und Repro: DSR Werbeagentur Rypka GmbH, 8143 Dobl/Graz
Druck: Druckerei Theiss GmbH., A-9431 St. Stefan

INHALT

EINFÜHRUNG 4

EIER ERSETZEN 6

MILCHPRODUKTE ERSETZEN 10

WELCHE GERÄTE UND UTENSILIEN
BRAUCHT MAN ZUM BACKEN? 14

GRUNDREZEPTE

VANILLESAUCE 18

MÜRBETEIG MIT LEINSAMEN 20

MÜRBETEIG MIT HASELNÜSSEN 21

CRUMBLE 22

SANDGEBÄCK 24

BISKUIT 26

SCHOKOLADEN-GANACHE MIT
OLIVENÖL UND FLEUR DE SEL 28

SCHOKOLADEN-GANACHE
MIT KOKOS 28

PLÄTZCHEN UND KLEINGEBÄCK

ZITRONEN-INGWER-PLÄTZCHEN 32

MANDEL-SCHOKOLADEN-
BISCOTTI 34

KARAMELL-CASHEW-COOKIES 36

HIMBEER-SCHIFFCHEN 38

SPÉCULOOS 40

KOKOSBERGE 42

**OBST-TARTES UND FRUCHTIGE
DESSERTS**

ZITRONEN-TARTE 46

BIRNEN-MATCHA-TIRAMISU 48

RHABARBER-TARTE 50

PFIRSICH-ROSMARIN-
TARTELETTES 52

ERDBEER-RHABARBER-CRUMBLE 54

MATCHA-HIMBEER-WHOOPIES 56

**CREMES UND LEICHTE DESSERTS
MIT MILCHERSATZ**

LEICHTE HELLE MOUSSE AU
CHOCOLAT 60

KÄSEKUCHEN MIT ROTEN FRÜCHTEN 62

ERDBEER-INGWER-WOLKE 64

CRÈME BRÛLÉE 66

MANDEL-KIRSCH-PANNA-COTTA 68

KIRSCHAUFLAUF 70

KLEINE SCHOKOLADENKUCHEN MIT
ZARTSCHMELZENDEM
SCHOKOKERN 72

TEA TIME UND BRUNCH

KAROTTENKUCHEN MIT
WALNÜSSEN 76

HEIDELBEER-MUFFINS 78

CRANBERRY-SCONES 80

PANCAKES 82

LEICHTE BRIOCHE MIT OLIVENÖL 84

ZIMTSCHNECKEN 86

WAFFELN 88

EIS-DESSERTS

MANDEL-GRÜNTEE-EIS 92

ZITRONEN-HIMBEER-EIS AM STIEL 94

PFIRSICH-JOGHURT-EIS 96

GEEISTES WEISSES NOUGAT
MIT ROSENAROMA 98

KOKOS-INGWER-MANGO-EIS
AM STIEL 100

ZU BEACHTEN 102

REZEPTVERZEICHNIS
NACH THEMEN 103

INTERESSANTE LINKS 104

EINFÜHRUNG

Eine der ersten Fragen, die man mir stellt, wenn ich sage, dass ich weder Milchprodukte noch Eier esse, lautet immer: „Aber wie backst du denn dann Kuchen?" Ein Kuchen oder eine Nachspeise ohne Butter und ohne Eier scheint für viele ein Ding der Unmöglichkeit zu sein. Dennoch gibt es zahlreiche sehr einfache Lösungen, sie durch pflanzliche Zutaten zu ersetzen, und die so zubereiteten Kuchen und Nachspeisen stehen den Originalen in nichts nach. Sie sind ebenso leckere, reichhaltige und geschmackvolle „süße Sünden".

Wer sich dafür entscheidet, aus ethischen oder aus gesundheitlichen Gründen ganz auf tierische Erzeugnisse in seiner Küche zu verzichten oder aber im Rahmen einer gesunden und ökologischen Ernährung den Verzehr dieser Produkte einfach nur einzuschränken, braucht keinesfalls auf das Vergnügen beim Essen, beim Backen und beim Genießen im Freundes- und Familienkreis zu verzichten.

Von wenigen Ausnahmen abgesehen lassen sich die meisten Plätzchen, Kuchen und Desserts ganz einfach ohne tierische Produkte anfertigen. Sie werden entdecken, dass Eier problemlos ersetzt werden können und dass Sie die stattdessen verwendeten Zutaten vielleicht sogar schon in Ihrem Vorratsschrank haben.

In diesem Buch möchte ich Ihnen zahlreiche einfach auszuführende Rezepte für alle Gelegenheiten vorstellen. Eine große Auswahl, angefangen von Desserts mit Früchten der Saison über trendige Kuchen bis hin zu den großen Klassikern – hier ist für jeden Dessert-Liebhaber etwas dabei.
Bei den Rezepten handelt es sich nicht nur um „Desserts ohne", sondern um vegane Köstlichkeiten, die dank ihrer ökologischen und vollwertigen Zutaten gesünder und nahrhafter sind.

EIER ERSETZEN

Allein über dieses Thema könnte man schon ein ganzes Buch schreiben: Es gibt zahlreiche Ersatzprodukte, die unterschiedliche Eigenschaften haben. Ich gebe Ihnen hier einige Hilfestellungen bei Ihrer Suche nach einem Ersatz und präsentiere die von mir in diesem Buch verwendeten Produkte.

LEINSAMEN

Diese schleimstoffhaltigen Samen wirken als Bindemittel und liefern Feuchtigkeit. Verwendet werden sie entweder gemahlen oder mit Wasser püriert; die Schleimstoffe quellen in der Flüssigkeit auf und bilden eine wässrige, klebrige Substanz, die dem Eiweiß ähnelt. Sie sind reich an Omega-3-Fettsäuren und liefern so den Nachspeisen wichtige essentielle Stoffe.

Leinsamen sind ideal, um einem Teig Bindung zu verleihen, ohne ihn schwer zu machen, und wenn eigentlich mehrere Eiweiße nötig wären. Ich verwende sie in meinen Kokosbergen und auch für den Mürbeteig.

AGAR-AGAR

Dieses aus einer Alge gewonnene pflanzliche Geliermittel, das in Japan sehr häufig verwendet wird, ist sowohl ein Binde- als auch ein Geliermittel. Es ist ideal, um den verschiedensten Desserts Festigkeit zu verleihen. Es ist perfekt für Pudding und Cremes und ersetzt auch die Gelatine, die aus gekochtem, tierischem Gewebe hergestellt wird. Agar-Agar wird allerdings anders verwendet als Gelatine, da sich die Gelierkraft im heißen Zustand entwickelt, d. h., man muss die mit Agar-Agar vermischte Flüssigkeit zum Kochen bringen, im Gegensatz zur Gelatine, die kalt verwendet wird. Das Ergebnis ist nicht unbedingt ebenso „glatt", kommt jedoch dem der Gelatine recht nahe. Mit Agar-Agar lassen sich verschiedene Texturen erzielen, von sehr weich und locker bis sehr fest, je nach verwendeter Menge. Man findet es üblicherweise als Pulver in Tütchen (am einfachsten in der Handhabung), aber auch als Flocken oder in Form von großen Stücken getrockneter Algen in Asia-Läden. Agar-Agar ist ein absolutes Muss in der veganen Küche.

STÄRKE

Mais-, Kartoffel- und Pfeilwurzelstärke (eine aus dem Rhizom der tropischen Maranta-Pflanze gewonnene Stärke) machen einen Teig locker und sind sowohl ein Binde- als auch ein Eindickungsmittel. Sie sind kalorienarm, leicht zu finden und preiswert. Ich verwende sie sehr häufig bei Kuchen als Ersatz für 1 oder 2 Eier. Die unterschiedlichen Stärkesorten haben nicht die gleiche Eindickungs- und Bindekraft und auch die Textur variiert je nach verwendeter Stärke. Pfeilwurzelstärke nehme ich eher zum Binden einer Sauce oder einer Creme, da das Ergebnis schneller und mit weniger Stärke erreicht wird. Mais- und Kartoffelstärke verwende ich als Bindemittel für einen Kuchen, der locker werden soll. Generell ersetze ich 1 Ei durch 1 Esslöffel Stärke, den ich mit 2 Esslöffeln Wasser oder eines veganen Drinks mische.

SEIDENTOFU

Seidentofu ist eine Art Frischkäse bzw. Quark aus geronnenem Sojadrink. Er ist sehr weich, enthält viele Proteine und verleiht Süßspeisen wunderbar zarten Schmelz und Leichtigkeit. Diese fast magische Zutat stammt aus Asien, wo sie sehr weit verbreitet ist, und sie wird häufig in der Bio-Küche verwendet, ganz besonders für vegane Backwaren, wo sie vor allem bei Pudding, Mousse und Cremes das Ei ersetzt. Seidentofu muss vorher meistens püriert werden. Er sollte aber nicht mit dem festen Tofu verwechselt werden, der meistens für salzige Gerichte verwendet wird. Dieser hat einen kräftigeren Geschmack und ist steifer. Für meinen Käsekuchen nehme ich eine Mischung aus diesen beiden Tofus, was für die gleichzeitig feste und zart-lockere Beschaffenheit des bekannten *Cheesecakes* sorgt.

PHOSPHATFREIES BACKPULVER

Hierbei handelt es sich um das ökologische Gegenstück zum chemischen Backpulver, das den Kuchenteig aufgehen lässt. Fügt man ein bisschen mehr hinzu, ersetzt das in manchen Rezepten die Eier und den Eischnee. Cookies oder ein Biskuitteig lassen sich so ohne Eier zubereiten, indem man ganz einfach nur ein wenig mehr Backpulver dazugibt. Etwa ¼ oder ½ Teelöffel Backpulver ersetzt 1 Ei im Kuchen.

APFELMUS UND VEGANE SAHNE

Diese Zutaten sind ideal als Feuchtigkeitszufuhr für einen Teig. Sie dienen ebenfalls als Bindemittel und machen den Teig schön locker. Vegane Sahne findet man meist in kleinen Tetrapaks. Bei dieser Sahne handelt es sich um eingedickte vegane Drinks (z. B. Soja-, Reis-, Mandel- oder Haferdrink). Je nach Marke und Zusammensetzung ist die Sahne mehr oder wenig flüssig oder cremig. Der Standard-Ersatz für Crème fraîche ist zwar Sojasahne, aber Hafer-, Dinkel- oder Reis-Sahne mit ihrer leichteren Konsistenz und einem feineren Geschmack sind wunderbar für süße Speisen wie Rhabarber-Kuchen, Schokoladen-Kuchen oder sogar für Fruchteis am Stiel geeignet. Ein Soja-Joghurt macht einen Teig lockerer, wie zum Beispiel den der Heidelbeer-Muffins, zu dem man zusätzlich Apfelmus hinzugibt. Es macht einen Kuchen schön saftig und er bleibt beim Backen innen ganz zart. Ich verwende es auch oft in Rezepten mit Schokolade. Der Geschmack ist neutral.

MUS VON ÖLHALTIGEN FRÜCHTEN

Es wird aus Mandeln, Sesam, Haselnüssen oder anderen Nüssen bzw. Samen hergestellt, ist sehr reich an Öl und verleiht einer Zubereitung, bei der man die Eier weggelassen hat, denselben Gehalt an Fett (das Eigelb entspricht dem Fett). Beim Backen wird meistens Mandelmus verwendet. Sein Geschmack ist neutral, sodass es sich für die verschiedensten Rezepte eignet: z. B. für Plätzchen oder für eine Tarte mit Früchten, die dadurch mehr Körper und einen zarten Schmelz erhält.

EI-ERSATZ-MISCHUNGEN

In Geschäften und im Internet findet man mehrere sehr praktische Mischungen, die je nach Marke nicht unbedingt immer „bio" sind und die die Eier in einem Rezept ersetzen. Generell handelt es sich um eine Stärkemischung, der man Wasser zugeben muss; manchmal enthalten Ei-Ersatz-Mischungen Emulgatoren und auch Bindemittel. Wenn ich auch lieber die weiter oben genannten Zutaten verwende, sind die Mischungen jedoch als Notlösung sehr praktisch, zum Beispiel wenn man keine Zeit hat, ein Rezept mit der einen oder anderen Ersatzlösung auszuprobieren.

1. Agar-Agar – 2. Pfeilwurzelstärke
3. Apfelmus – 4. Seidentofu

1 2

3 4

MILCHPRODUKTE ERSETZEN }

Milch, Sahne und Butter finden sich zwar in allen traditionellen Backrezepten, aber man kann sie problemlos durch das vegane Äquivalent ersetzen, das wesentlich gesünder und dennoch nicht weniger lecker ist. Die Vielzahl der veganen Produkte bietet sogar eine größere Auswahl bei der Zubereitung von fein schmeckenden Backwaren und Desserts.

SAHNE UND VEGANER MILCHERSATZ

„Milch" ist eine geschützte Bezeichnung. Nur tierische Produkte bzw. Muttermilch dürfen daher als Milch bezeichnet werden. Der wässrige Auszug aus Hülsenfrüchten, Nüssen bzw. Getreide hat völlig andere Inhaltsstoffe und wird daher als „Drink" bezeichnet. Die einzige Ausnahme stellt Kokosmilch dar, die aus dem ausgedrückten Fruchtfleisch der Kokosnuss gewonnen wird.

Vegane Drinks werden aus Hülsenfrüchten wie Soja, aus Getreide (Reis, Hafer, Dinkel, Mais), Ölfrüchten (Mandel, Haselnuss, Cashew), Kokosnuss oder auch aus Kastanie gewonnen und sind ein perfekter Ersatz für Tiermilch. Es gibt viele sehr le-

Olivenöl

ckere Mischungen wie Reis-Din-kel-Nuss-Drink oder Reis-Kokos-Drink, aber auch vegane Drinks, die mit Schokolade oder Vanille aromatisiert oder mit Kalzium angereichert sind. Je nach Mar-ke hat ein Mandel- oder ein Soja-drink auch nicht unbedingt den gleichen Geschmack; probieren Sie also ruhig mehrere aus, be-vor Sie sich entscheiden. Jede Sorte hat einen anderen Fett-, Zucker- und Proteingehalt. So-jadrinks werden am häufigsten verwendet, da sie den Backwa-ren eine mit den traditionellen Rezepten vergleichbare Konsis-tenz verleihen und geschmacks-neutral sind. Ich persönlich ver-wende lieber Mandeldrink, der cremiger und leckerer ist, oder den leichteren Haferdrink; die-se beiden habe ich auch in den Rezepten in diesem Buch bevor-zugt eingesetzt.

Mandeldrink

Vegane Sahne passt auch zu allen Rezepten. Von der sehr leichten Reissahne bis zur klassischeren Sojasahne gibt es unterschiedliche Konsistenzen, die den verschiedenen Sahnesorten aus Kuhmilch entsprechen: leicht (Hafer, Din-kel), flüssig (Reis, Mandel) oder dickflüssiger (Soja, Kokos). Es gibt auch eine laktofermentierte Sojasahne, die einen ganz überraschenden Geschmack hat und wie eine festere Crème fraîche verwendet wird; durch ihre Herstellungs-weise hat sie einen Geschmack, der dem von Milchprodukten sehr ähnelt. Die sehr dickflüssige und von Natur aus cremige Kokossahne kann ebenfalls für Kuchen und Desserts verwendet werden, vor allem auch zum Aufschlagen, denn der hohe Fettgehalt sorgt dafür, dass sie fest wird, wenn sie gut gekühlt wurde. Wie gesagt, die Konsistenz der veganen Sahne ist von einer Marke zur anderen unterschiedlich; eine Sojasahne kann also mehr oder weniger flüssig sein. Es gibt auch spezielle „Sahne zum Backen", die gesüßt und dickflüssiger ist, und spezielle Sahne zum Aufschlagen. In manchen Geschäften findet man auch ganz wunderbare vegane Sprühsahne.

PFLANZLICHE MARGARINE

Pflanzliche Bio-Margarine enthält keine gehärteten Fette. Sie bleibt dennoch ein industriell verarbeitetes, nicht lokales Produkt, das Palmöl enthält, dessen Herstellung in der ökologischen Landwirtschaft immer noch umstritten ist. Ernährungswissenschaftlich gesehen enthält sie sehr viele gesättigte Fettsäuren. Aus diesem Grund nehme ich meistens lieber Öle und Mus von Ölfrüchten, die gesünder und schmackhafter sind. Um den Verbrauch einzuschränken, benutze ich Margarine ansonsten nur für diejenigen Rezepte, in denen sie wegen ihrer Konsistenz notwendig ist. Vorsicht: Zahlreiche Margarinen, auch Bio-Margarinen, sind nicht hundertprozentig pflanzlich.

PFLANZENÖL

Zum Backen kann man leider nicht jedes Öl verwenden. Jedes hat eine maximale Temperatur, die so genannte „kritische" Temperatur. Wird diese überschritten, wird das Öl toxisch/giftig. Manche Öle sollte man nur roh zu sich nehmen. Ich mag ganz besonders Olivenöl, das entgegen der herkömmlichen Meinung sehr dezent ist und sich bestens für süße Rezepte eignet. Ein absolut neutraler Geschmack und eine ausgezeichnete Hitzebeständigkeit ist bei Traubenkernöl gewährleistet.

MUS VON ÖLHALTIGEN FRÜCHTEN

Mandel, Haselnuss, Cashew, Erdnuss, Sesam: Sie alle liefern eine echte vegane „Butter" und sind wunderbar für die Zubereitung süßer Sachen geeignet. Ich habe eine Vorliebe für das relativ neutrale und zartsüße Mandelmus und ebenfalls für Cashewmus, aber auch die anderen sind für geschmacksintensiveres Gebäck gut geeignet. Ein Mus aus gerösteten Haselnüssen verwandelt einen einfachen Mürbeteig in einen wahren Schlemmerkuchen. Diese Nuss-Pürees sind sehr ölhaltig, daher werden sie nicht im Kühlschrank, sondern bei Raumtemperatur aufbewahrt. Manchmal setzt sich das Öl an der Oberfläche ab, das Mus sollte daher am besten vor der Verwendung durchgerührt werden. Die verschiedenen angebotenen Marken haben nicht alle dieselbe Qualität. Ich bevorzuge glatte und cremige Pürees, die sich leichter vermengen lassen. Der Preis eines Glases Mandelmus schreckt Neugierige oft ab, sich näher mit diesem wundervollen Produkt zu beschäftigen; keine Sorge, Sie können es in sehr vielen Rezepten verwenden, für süße wie auch für salzige Gerichte, und auch leckere hausgemachte Brotaufstriche damit zubereiten.

Mus von ölhaltigen Früchten

WELCHE GERÄTE UND UTENSILIEN BRAUCHT MAN ZUM BACKEN?

Die meisten Geräte und Utensilien zum Backen sind sicher bereits in Ihrer Küche vorhanden. Wenn Sie Ihre Grundausstattung noch um einige wenige Utensilien erweitern, sind Sie für die Zubereitung Ihrer hausgemachten Leckereien perfekt ausgestattet.

ABMESSEN

Eine Waage und ein Messbecher sind beim Backen unbedingt erforderlich, da man exakte Mengen benötigt. Ich empfehle Ihnen eine präzise Waage mit 1-Gramm-Schritten, die für kleine Mengen sehr nützlich ist. Messlöffel kosten nicht viel und sind auch wertvolle Helfer, denn Bestecklöffel haben nicht immer das gleiche Volumen. Einen halben Teelöffel mit einem Messlöffel abzumessen ist hingegen ein Kinderspiel.

ZUBEREITEN

Für die Zubereitung Ihrer Rezepte benötigen Sie manchmal spezielle Utensilien. Mit Mörser und Stößel sowie mit einem Mixer bzw. Stabmixer lassen sich die Zutaten gut verarbeiten und

In der Patisserie verwendete Utensilien

eine bestimmte Konsistenz erreichen. Eine Siphonflasche ist ideal für hausgemachte Schlagsahne. Meistens benutzen Sie jedoch Standard-Utensilien wie Schneebesen, Teigschaber und einen Holzlöffel. Ein feines Sieb ist ebenfalls sehr nützlich zum Sieben von Zucker und Mehl oder um Ihre Zubereitung durchzusieben.

FORMEN

Muffins- und Madeleine-Backformen, Tarte-Formen, Auflaufformen ... Es gibt fast ebenso viele Formen wie Rezepte. Einige sind zwar nur für eine ganz spezielle Leckerei bestimmt, aber die meisten Ihrer Lieblingsrezepte können Sie in Standard-Formen wie Springform, Tarte-Form oder Kastenform anfertigen. Im Handel sind Backformen aus verschiedenen Materialien erhältlich. Leider können manche giftige Substanzen enthalten oder bei Hitze freisetzen. Weißblech, Stahlblech und Edelstahl ohne Anti-Haft-Beschichtung sind unbedenkliche Materialien und bei Bäckern und Konditoren sehr geschätzt, weil sie eine gute Wärmeleitung haben. Sie sind leicht, solide und dauerhaft und daher eine sinnvolle Investition. Formen aus feuerfestem Glas (Pyrex) und Keramik sind auch sehr gut geeignet. Sehr praktisch sind Formen mit einem auswechselbaren Boden, wodurch das Herausnehmen des Kuchens aus der Form wesentlich erleichtert wird.

DEKORIEREN

Zum Dekorieren Ihrer Backwaren und Desserts benötigen Sie manchmal bestimmtes Zubehör: einen Spritzbeutel, verschiedene Ausstechformen, eine Streichpalette (mit oder ohne Winkel), einen Zestenreißer, ein Teigrädchen ... Sie sind zwar nicht unbedingt erforderlich, ermöglichen jedoch eine ansprechendere und raffiniertere Dekoration. Auch hierbei sollten Sie Edelstahl oder Blech bevorzugen.

GRUND
REZEPTE

VANILLE
SAUCE

Vanillesauce kommt nie aus der Mode.
Diese Sauce passt so gut zu unseren Lieblingsdesserts
und wird hier ohne Eier zubereitet. Möglich ist dies durch die
Pfeilwurzelstärke, die sie noch leichter macht.
Da heißt es: Zugreifen!

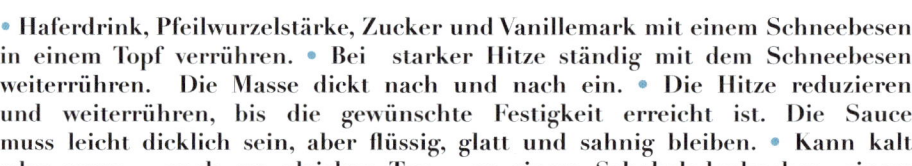

• Haferdrink, Pfeilwurzelstärke, Zucker und Vanillemark mit einem Schneebesen in einem Topf verrühren. • Bei starker Hitze ständig mit dem Schneebesen weiterrühren. Die Masse dickt nach und nach ein. • Die Hitze reduzieren und weiterrühren, bis die gewünschte Festigkeit erreicht ist. Die Sauce muss leicht dicklich sein, aber flüssig, glatt und sahnig bleiben. • Kann kalt oder warm – noch am gleichen Tag – zu einem Schokoladenkuchen, einem Brownie oder einer Tarte mit Früchten serviert werden.

Tipp
Die Vanillesauce schmeckt am besten, wenn man sie kurz vor dem Servieren des Desserts zubereitet.

FÜR 4 BIS 6 PERSONEN
500 ml Haferdrink, 3 EL Pfeilwurzelstärke, 3 EL weißer Rohrzucker, 1 Vanilleschote

☐ Ja, senden Sie mir kostenlos und unverbindlich Ihre **Prospekte** und/oder den **STOCKER-Newsletter.** Wir informieren Sie künftig kostenlos und unverbindlich über unsere Neuerscheinungen.

Name:

Beruf:

Straße:

Postleitzahl/Ort:

E-Mail:

Telefon:

Leopold Stocker Verlag

Postfach 438

Hofgasse 5

8011 Graz

Stocker Verlag GmbH, Hofgasse 5, 8010 Graz, Österreich
Tel.: +43/316/82 16 36
Fax: +43/316/83 56 12
E-Mail: stocker-verlag@stocker-verlag.com
Internet: www.stocker-verlag.com

Liebe Leserin, lieber Leser,

wir freuen uns über Ihr Interesse an unserer Verlagsarbeit.
Gerne informieren wir Sie über Neuerscheinungen aus
unseren Programmbereichen.

Diese Karte entnahm ich dem Buch:

Ihre Meinung zu diesem Buch:

Wie gefällt Ihnen unser Programm:

Welches Thema vermissen Sie?

Welche Vorschläge für Neuerscheinungen
haben Sie für uns?

Auf dieses Buch wurde ich
aufmerksam durch:

☐ Buchhandlung

☐ Buchhandelsprospekt

☐ Buchbesprechung

☐ Empfehlung

☐ Anzeige

☐ Inserat in:

☐ Verlagsprospekt

☐ Anderes:

Ihre Angaben helfen uns, unsere Bücher noch interessanter für Sie zu machen. Unter allen Einsendern
verlosen wir jährlich 50 Buchtitel. Der Rechtsweg ist ausgeschlossen.

Besuchen Sie uns auch im Internet: www.stocker-verlag.com

TEIGE FÜR
SÜSSE TARTES

Diese Klassiker der hauseigenen Backstube
sind unverzichtbar für süße Obstkuchen und Tartes.
Sie werden genau wie ein traditioneller Teig zubereitet und
die Eier ganz einfach durch Leinsamen ersetzt.

MÜRBETEIG MIT **LEINSAMEN**

• In einer Schüssel die beiden Mehlsorten, das Salz und den gemahlenen Leinsamen (und eventuell den Zucker) mischen. • Das Öl hinzufügen und mit einer Gabel vermischen, dann das Wasser hinzufügen. • Kurz vermischen und den Teig auf die Arbeitsfläche geben. • Den Teig auf der Arbeitsfläche mit den Händen durchkneten und mehrmals übereinanderschlagen, bis er schön glatt ist. • Zu einer Kugel formen.

FÜR 1 TARTE VON CA. 28 CM DURCHMESSER (6 BIS 8 PERSONEN)

200 g Kamutmehl, 50 g Vollkornreismehl, ¼ TL Meersalz, 1 EL gemahlener Leinsamen, 3 EL weißer Rohrzucker (nach Belieben), 80 ml Traubenkernöl, 100 ml Wasser

MÜRBETEIG MIT
HASELNÜSSEN

• Mehl und Öl in eine Schüssel geben und mit den Fingerspitzen zu einer feinen, sandähnlichen Masse vermischen. • In einer zweiten Schüssel mit einem Schneebesen den Zucker mit Haselnussmus, Leinsamen und Wasser cremig rühren. • Die sandähnliche Masse auf eine Arbeitsfläche geben und in die Mitte eine Vertiefung drücken. • Die Zucker-Haselnuss-Masse hineinschütten und mit den Fingern zu einem glatten Teig verarbeiten. Zu einer Kugel formen. • Den Teig ausrollen und in eine geölte oder mit Backpapier ausgelegte Form geben. • Den Teig einstechen, mit Backpapier abdecken und mit Blindbackkugeln oder mit getrockneten Hülsenfrüchten belegen. • Dann etwa 25 Minuten bei 200 °C blindbacken. • Vor dem Befüllen mit einer Creme oder dem Belegen mit frischen Früchten ganz abkühlen lassen.

Tipp
Wenn der Teig beim Ausrollen bricht, können Sie ihn zwischen zwei Blättern Backpapier ausrollen. Dann das obere Blatt entfernen und den Teig zusammen mit dem Backpapier in die Form legen.

FÜR 1 TARTE VON CA. 28 CM DURCHMESSER (6 BIS 8 PERSONEN)

250 g Weizenmehl, 90 ml Traubenkernöl, 90 g weißer Rohrzucker, 3 EL Haselnussmus (am besten aus gerösteten Haselnüssen), 1 EL gemahlener Leinsamen, 5 EL Wasser

CRUMBLE

Ein *Crumble* (= eine englische bzw. US-amerikanische Nachspeise, bei der frische Früchte mit Streusel überbacken werden) passt perfekt zu jeder Saison und ist ideal, wenn man ein schnelles Dessert zubereiten möchte, das allen schmeckt. Mit verschiedenen Mehlsorten erhalten Sie unterschiedliche Geschmacksrichtungen und können zwischen einer traditionellen und einer rustikaleren Version wählen.

• Die trockenen Zutaten in eine Schüssel geben und vermischen. • Das Öl oder die in kleine Würfel geschnittene Margarine hinzufügen und mit den Fingerspitzen vermischen, bis ein körniger Teig mit Stückchen entsteht. • Diesen Streusel auf einen Teller oder auf eine Platte geben und kaltstellen. • Gekochte oder frische Früchte in eine Form legen und den Streusel etwa 1 bis 2 cm dick darauf verteilen. • Im Backofen 15 bis 20 Minuten bei 180 °C backen. Der Streusel muss goldgelb und knusprig sein.

FÜR 4 PERSONEN

70 g Kamutmehl, 30 g Kastanienmehl, 50 g gemahlene Mandeln, 80 g weißer Rohrzucker (oder Muscovadozucker für einen intensiveren Geschmack), 5 EL Traubenkernöl

oder

100 g Einkornmehl, 50 g Vollkornreismehl, 5 EL weißer Rohrzucker, 5 EL rein pflanzliche Bio-Margarine

SAND
GEBÄCK

Sandgebäck mag jeder, es ist leicht zuzubereiten
und ideal, um Kinder auf spielerische
Weise an das Backen heranzuführen.
Hier wird das Ei einfach
durch Mandelmus ersetzt.

• Mehl und Öl in eine Schüssel geben. • Mit den Fingerspitzen vermischen, sodass eine feine, sandähnliche Masse entsteht. • In einer Schale Zucker, Mandelmus, Haferdrink und Vanilleextrakt vermischen. • Auf das Mehl schütten und mit einem Holzlöffel verrühren. • Einige Sekunden mit den Händen verkneten und den Teig zu einer Kugel formen. • Auf einer leicht bemehlten Arbeitsfläche den Teig vorsichtig ausrollen, dabei den Teigroller nur kurz hin- und herbewegen, da der Teig leicht bröckelt. • Die Plätzchen mit Förmchen ausstechen. • Die Plätzchen auf ein mit Backpapier ausgelegtes Blech legen und im vorgeheizten Ofen 7 bis 8 Minuten bei 180 °C ohne Umluft backen. • In eine gut schließende Dose füllen und innerhalb von 48 Stunden genießen.

FÜR 12 PLÄTZCHEN

180 g Weizenmehl, 75 ml Traubenkernöl, 80 g Zucker, 2 EL Mandelmus, 2 EL Haferdrink, ½ EL Vanilleextrakt

BISKUIT

Ein absolutes Muss: Dieser zart-lockere
Biskuit mit rein pflanzlichen Zutaten
ist die Grundlage für zahlreiche
Kuchen und Torten.

• In einer Schüssel Öl, Zucker, Vanilleextrakt (oder das Mark von 2 Schoten), Salz, Mandelmus und Backpulver mit dem Schneebesen verrühren. • Den Sojadrink hinzugeben und gut vermischen. • Nach und nach das gesiebte Mehl und die Stärke unterrühren. • Eine 20 x 30 cm große Backform (oder eine andere Form Ihrer Wahl) einölen und den Teig einfüllen. • Ca. 30 Minuten bei 180 °C ohne Umluft im Backofen backen. • Der Biskuit soll ganz leicht gebräunt sein. • Machen Sie die Garprobe: Stechen Sie mit einem spitzen Messer in die Mitte des Kuchens. • Bleibt kein Teig mehr am Messer haften, ist er durchgebacken. Die Backzeit ist je nach Größe der Form unterschiedlich, deshalb immer wieder prüfen. • Den Biskuit vor dem Schneiden und Füllen auskühlen lassen.

FÜR EINE BACKFORM VON 20 × 30 CM

150 ml Traubenkernöl, 200 g Zucker, 2 TL Vanilleextrakt (oder 2 Vanilleschoten), ½ TL Meersalz, 3 EL Mandelmus, 3 TL phosphatfreies Backpulver, 250 ml Sojadrink, 250 g gesiebtes Weizenmehl, 100 g Maisstärke

{SCHOKOLADEN
GANACHE}

Hier zwei Rezepte für feine Schokoladen-Cremes
mit pflanzlichen Ölen,die sich ganz nach
Belieben für die Zubereitung von Trüffeln,
für eine Glasur oder zum Füllen eines Kuchens eignen.

• Eine kleine Schüssel oder besser noch eine Edelstahl-Wasserbadschüssel mit rundem Boden in einen zu einem Drittel mit Wasser gefüllten Topf hängen; der Schüsselboden darf nicht mit dem Wasser in Berührung kommen. • Die kleingeschnittene Schokolade in die Schüssel geben und das Wasser zum Kochen bringen. • Bei niedriger Temperatur beginnt die Schokolade langsam zu schmelzen, sie darf nicht kochen. • Diese Methode heißt „temperieren", sie ist ideal zum Schmelzen von Schokolade. • Sobald die Schokolade geschmolzen ist, das Öl und dann den vorher erwärmten Sojadrink bzw. die vorher erwärmte Kokosmilch dazugeben und mit einem Teigschaber vermischen. • Die Masse muss glatt und glänzend sein. • Von der Platte nehmen und bei Raumtemperatur stehen lassen. • Dann das „Fleur de Sel"-Salz hinzugeben (beim Rezept mit Olivenöl). • Eine festere Schokoladen-Creme erhalten Sie, wenn Sie diese in den Kühlschrank stellen. • Ist sie zu fest geworden, bei Raumtemperatur wieder geschmeidiger werden lassen oder im Wasserbad (Schüssel über kochendem Wasser) ganz vorsichtig etwas erwärmen. • Noch am selben Tag verbrauchen.

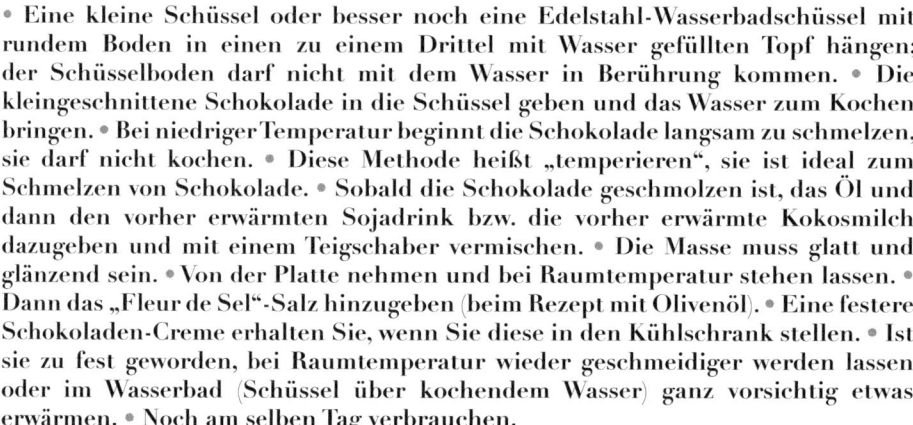

FÜR 4 BIS 6 PERSONEN

SCHOKOLADEN-GANACHE MIT OLIVENÖL UND FLEUR DE SEL 400 g dunkle Schokolade (65 bis 75 % Kakao), 4 EL Olivenöl, 4 EL Haferdrink, ½ EL Meersalz „Fleur de Sel"
SCHOKOLADEN-GANACHE MIT KOKOS 400 g dunkle Schokolade (65 bis 75 % Kakao), 4 EL Kokosöl, 4 EL Kokosmilch

PLÄTZCHEN
UND
KLEINGEBÄCK

ZITRONEN INGWER PLÄTZCHEN

Plätzchen aus feinem Sandteig ohne Eier
und ohne Butter – das ist durchaus möglich!
Und zwar durch Mandelmus, das den Teig gleichzeitig
locker macht und ihm Halt gibt.
Hier ein Rezept für angenehm säuerliche Plätzchen.

• In einer Schüssel alle feuchten Zutaten mit dem Schneebesen vermischen: Mandelmus, Öl, Mandeldrink und Zitronensaft. • Die Zitronenzesten und den Zucker unterrühren. • Dann das Backpulver hinzugeben und nach und nach auch das Mehl. • Ein Backblech mit Backpapier auslegen. • Aus dem Teig kleine Kugeln formen und mit den Händen flachdrücken. • Auf dem Blech verteilen, zwischen den Plätzchen etwas Abstand lassen. • Den kandierten Ingwer in kleine Würfel schneiden und in jedes Plätzchen einige Würfelchen eindrücken. • Im vorgeheizten Ofen bei 180 °C ohne Umluft ca. 10 bis 12 Minuten backen. • In eine gut schließende Dose füllen und innerhalb von 48 Stunden genießen.

FÜR 16 PLÄTZCHEN

60 g Mandelmus, 2 EL Traubenkernöl, 2 EL Mandeldrink, 2 EL Zitronensaft, 2 TL Zitronen-zesten, 70 g weißer Rohrzucker, ½ TL phosphatfreies Backpulver, 125 g Weizenmehl, 30 bis 40 g kandierter Ingwer

MANDEL SCHOKOLADEN BISCOTTI

Dieses knusprige Gebäck aus Italien ist auch
unter dem Namen „Cantuccini" bekannt.
Das Besondere ist, dass die Plätzchen doppelt
gebacken sind. Sie lassen sich perfekt ohne Eier zubereiten,
die hier durch Apfelmus ersetzt werden.

• Mehl, Backpulver und Salz mischen. • In einer zweiten Schüssel Zucker, Apfelmus, Öl und Vanilleextrakt verrühren. • Die Mehlmischung in die feuchte Masse einarbeiten, dann die Mandeln und die Schokoladentropfen hinzufügen. • Einen langen Laib (oder drei kürzere) formen, leicht flachdrücken und auf ein mit Backpapier ausgelegtes Blech legen. • Bei 180 °C ca. 20 bis 25 Minuten backen. • Den Laib aus dem Ofen nehmen und 15 Minuten abkühlen lassen. • Anschließend den Laib in 1 cm dicke Scheiben schneiden. • Den Ofen auf 150 °C abkühlen lassen und die Biscotti erneut 10 Minuten von jeder Seite backen. • Abkühlen lassen und in eine gut schließende Dose geben. • Innerhalb weniger Tage verbrauchen.

FÜR 15 BISCOTTI

200 g Kamutmehl, 1 TL phosphatfreies Backpulver, ¼ TL Meersalz, 100 g weißer Rohrzucker, 6 EL Apfelmus, 1 EL Traubenkernöl, 1 TL Vanilleextrakt, 50 g Mandeln, 40 g dunkle Schokoladentropfen

KARAMELL CASHEW COOKIES

Fein duftende Plätzchen mit
Kamutmehl und Cashewmus.
Diese lockeren, goldbraunen Cookies,
die durch einen Hauch Backpulver
zart und luftig werden,
mögen die Kleinen wie auch die Großen.

• Öl und Cashewmus in einer Schüssel mischen. • Den Zucker hinzufügen und mit einem Holzlöffel verrühren. • Backpulver, Backsoda und Salz darübergeben und dann nach und nach das Mehl kräftig unterrühren. • Für den Karamell den Zucker und das Wasser in einen Topf geben. • Bei starker Hitze ein paar Minuten aufkochen, bis sich der Karamell bildet. • Die Margarine hinzufügen und gut vermischen. • Von der Kochstelle nehmen, sobald der Karamell eine schöne Farbe hat. • Einen Teller ölen und den Karamell daraufgießen. • Eine Minute abkühlen lassen, und dann sofort mit einem Küchenmesser in kleine Würfel schneiden. • Die Cashewkerne grob hacken oder mit dem Messer klein schneiden. • Zusammen mit den Karamellwürfeln in den Teig geben und mit den Händen untermengen. • Aus dem Teig kleine Kugeln formen, auf ein mit Backpapier ausgelegtes Backblech legen und leicht flachdrücken. • Im vorgeheizten Ofen ohne Umluft bei 180 °C 10 Minuten backen. • Die Cookies müssen leicht gebräunt und beim Herausnehmen noch weich sein.

FÜR 12 COOKIES

FÜR DIE COOKIES 4 EL Traubenkernöl, 2 EL Cashewmus, 90 g weißer Rohrzucker, ½ TL phosphatfreies Backpulver, ½ TL Backsoda, ¼ TL Meersalz, 150 g Kamutmehl, 40 g ungesalzene Cashewkerne
FÜR DEN KARAMELL 80 g Zucker, 3 EL Wasser, 1 TL Margarine

HIMBEER
SCHIFFCHEN

Eine hausgemachte und gesunde Version
der bei Kindern so beliebten Plätzchen.
Der Biskuit ist sehr leicht durch die Maisstärke,
die hier die Eier ersetzt und die Schiffchen
so herrlich locker macht.

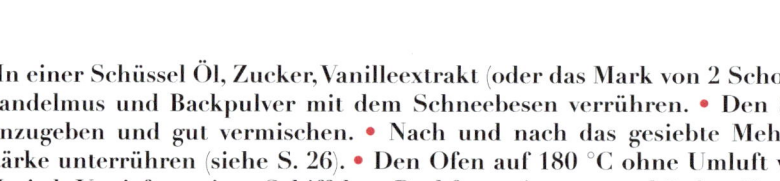

• In einer Schüssel Öl, Zucker, Vanilleextrakt (oder das Mark von 2 Schoten), Salz, Mandelmus und Backpulver mit dem Schneebesen verrühren. • Den Sojadrink hinzugeben und gut vermischen. • Nach und nach das gesiebte Mehl und die Stärke unterrühren (siehe S. 26). • Den Ofen auf 180 °C ohne Umluft vorheizen. • In jede Vertiefung einer Schiffchen-Backform einen gut gehäuften Teelöffel Teig füllen. • Den Teig einige Minuten stehen lassen, damit er sich gleichmäßig in der Form verteilt. • In einer kleinen Schüssel Konfitüre und Wasser verrühren. • Die Mischung dann über einer weiteren Schüssel durch ein kleines Sieb streichen, so dass ein glattes Fruchtpüree ohne Kerne entsteht. • Mit einem Löffel in jedes Schiffchen etwas Fruchtpüree geben. • Etwa 10 Minuten backen. • Die Schiffchen sollen am Rand leicht gebräunt und schön aufgegangen sein. • Aus dem Ofen nehmen und abkühlen lassen. • Am besten noch am gleichen Tag genießen, denn in einer Dose werden die Schiffchen feucht und weich.

FÜR 20 SCHIFFCHEN

FÜR DEN BISKUIT 75 ml Traubenkernöl, 100 g Zucker, 1 TL Vanilleextrakt (oder 1 Vanilleschote), ¼ TL Meersalz, 1,5 EL Mandelmus, 1,5 TL phosphatfreies Backpulver, 125 ml Sojadrink, 125 g gesiebtes Weizenmehl, 50 g Maisstärke **FÜR DIE FÜLLUNG** 100 g Himbeerkonfitüre, 4 EL Wasser

SPÉCULOOS

Dieses Karamellgebäck ist eine belgische Spezialität.
Ich möchte hier ein neu durchdachtes Rezept mit
vollwertigen und gesunden Zutaten vorstellen.
Das Mandelmus ersetzt darin das
Ei und die Butter wird gegen
natives Olivenöl ausgetauscht.

• Muscovadozucker, Olivenöl und Mandelmus in einer Schüssel mischen. • Über einer weiteren Schüssel das Mehl und die Maisstärke durchsieben. • Backsoda, Salz und Gewürze dazugeben und vermischen. • Diese trockene Mischung nach und nach in die Zuckermischung geben und mit einem Teigschaber verrühren. • Noch 1 oder 2 Esslöffel Wasser hinzufügen, um den Teig geschmeidiger zu machen. • Zu einer Kugel formen. • Mit einem Tuch abgedeckt eine Stunde bei Raumtemperatur ruhen lassen. • Den Backofen auf 160 °C vorheizen. • Den Spéculoosteig zwischen zwei Blättern Backpapier ausrollen und dann in Rechtecke schneiden. • Die Rechtecke vorsichtig auf ein mit Backpapier ausgelegtes Blech legen, dabei etwas Abstand dazwischen lassen. • Ca. 12 Minuten backen. • Abkühlen lassen und in einer dicht schließenden Dose aufbewahren.

FÜR 20 SPÉCULOOS

70 g gesiebter Muscovadozucker, 50 ml natives Olivenöl, 2 EL weißes Mandelmus, 100 g Einkornmehl, 25 g Maisstärke, ½ TL Backsoda, ¼ TL Salz, 1,5 TL Zimtpulver, 1 EL Gewürzmischung „4 épices" (= Viergewürz mit Pfeffer, Muskat, Nelke, Zimt), 1 bis 2 EL Wasser

KOKOS
BERGE

Diese kleinen exotischen Plätzchen
lassen sich wunderbar für Veganer zubereiten,
denn die Eier werden ganz einfach
durch gemahlenen Leinsamen ersetzt.

• In einer Schüssel alle Zutaten mit einer Gabel verrühren, dann mit den Fingerspitzen rasch zu einer gleichmäßigen Masse verarbeiten. • Den Backofen auf 180 °C ohne Umluft vorheizen. • So werden die Berge geformt: Mit der Hand etwas Kokosmasse nehmen, eine kleine Kugel formen und dann mit den Fingern nach oben eine Spitze formen. • Man kann auch die Seiten von oben nach unten leicht eindrücken, sodass seitliche Grate entstehen. • Die Kokosberge auf ein mit Backpapier ausgelegtes Blech legen. • 10 Minuten im Ofen backen. • Erst abkühlen lassen, dann vom Backpapier entfernen. • Trocken aufbewahren und innerhalb von 48 Stunden genießen.

FÜR 15 KLEINE KOKOSBERGE (4 BIS 5 PERSONEN)

125 g Kokosnussraspeln (oder Kokosnussstückchen, kurz mit dem Stabmixer zerkleinert), 2 EL heller, gemahlener Leinsamen, 3 EL Wasser, 70 g Rohrzucker, 2 TL Traubenkernöl

OBST-TARTES
UND FRUCHTIGE
DESSERTS

ZITRONEN
TARTE

Ein leckerer Teig mit Kastanienmehl
und eine Zitronencreme,
in der die Eier durch Pfeilwurzelstärke ersetzt wurden.
Ein ganz erstaunliches Ergebnis!
Vorsicht: Diese vegane Tarte ist ebenso reichhaltig
wie das Original und für besondere Anlässe bestimmt.

• Weizen- und Kastanienmehl sowie Zucker sieben. • Margarine in kleinen Stückchen dazugeben und zwischen den Fingerspitzen verreiben. • Wasser hinzufügen und zu einem schön gleichmäßigen Teig verarbeiten. • Zu einer Kugel formen und in Frischhaltefolie wickeln oder mit einem Tuch abdecken. • Eine Stunde im Kühlschrank ruhen lassen. • Den Teig auf einer leicht bemehlten Arbeitsfläche mit einem bemehlten Teigroller ausrollen. • Eine kleine, eingeölte Tarte-Form damit auslegen. • Den Teig ca. 15 Minuten im vorgeheizten Ofen bei 180 °C blindbacken. • Er darf nur ganz leicht gebräunt sein und muss sich noch etwas elastisch anfühlen (er wird beim Abkühlen fester). • Für die Zitronencreme die Margarine in einem Topf bei geringer Hitze schmelzen. • Den Zucker und dann den Zitronensaft hinzugeben. • Gut vermischen, bis der Zucker ganz geschmolzen ist. • Die Pfeilwurzelstärke und die abgeriebene Zitronenschale hineingeben und gut verrühren. • Den Sojadrink dazuschütten und bei starker Hitze 2 bis 3 Minuten kräftig und ständig rühren. • Sobald die Masse dickflüssiger wird, von der Kochstelle nehmen. • Die Zitronencreme auf den gebackenen Teig gießen und vor dem Anschneiden ganz auskühlen lassen.

FÜR 4 PERSONEN

FÜR DEN TEIG 175 g Weizenmehl T65 (in etwa Type 550 in Deutschland bzw. W700 in Österreich), 75 g Kastanienmehl, 120 g weißer Rohrzucker, 125 g rein pflanzliche Bio-Margarine, 50 ml Wasser

FÜR DIE ZITRONENCREME 120 g rein pflanzliche Bio-Margarine, 120 g weißer Rohrzucker, 75 ml Zitronensaft, 9 TL Pfeilwurzelstärke, 2 TL abgeriebene Zitronenschale, 100 ml Sojadrink

{ BIRNEN MATCHA TIRAMISU }

Bei diesem Tiramisu ohne Kaffee zeige ich Ihnen, wie man einen herr-lichen veganen Mascarpone zubereiten kann – und zwar mit Cashew-kernen, Haferdrink und Sojasahne. Ganz einfach zuzubereiten und gut geeignet für einen englischen *Trifle* (= süße Schichtspeise), eine Tarte mit Früchten oder einen Käsekuchen. Wenn Sie den Agavendicksaft weglas-sen, können Sie die Masse sogar für salzige Gerichte verwenden.

• Die Cashewkerne mindestens 4 Stunden in einer mit Wasser gefüllten Schüssel einweichen. • Einen starken Matcha-Tee zubereiten und in einem tiefen Teller erkalten lassen. • Die Cashewkerne abtropfen lassen, mit dem Haferdrink in einen hohen Behälter geben und mit dem Stabmixer zerkleinern. • Die Sojasahne und den Agavendicksaft hinzufügen und mit dem Stabmixer weiter zu einer dicklichen Creme verarbeiten. • Kalt stellen. • Den Biskuit in etwa 3 x 7 cm große Rechtecke schneiden. • Die Biskuitstücke in den abgekühlten Matcha-Tee tauchen und den Boden einer Auflaufform damit auslegen. • Die Birnen schälen und in Scheiben schneiden. • Eine Lage Birnen auf dem Matcha-Biskuit verteilen. • Dick mit dem veganen Mascarpone bestreichen. • Diese drei Etappen wiederholen: eine Schicht des in Matcha-Tee getauchten Biskuits, eine Schicht Birnen, eine dicke Schicht Mascarpone. • Wenn alle Zutaten aufgebraucht sind, das Tiramisu mit einem kleinen Sieb mit dem Matcha-Teepulver bestäuben. • Das Bestäuben darf erst kurz vor dem Servieren erfolgen, da der Matcha-Tee sonst feucht und dunkel wird und sein samtiges Aussehen verliert. • Kühl stellen und innerhalb von 24 Stunden genießen.

FÜR 6 BIS 8 PERSONEN

900 g Cashewkerne, ungeröstet, ungesalzen, Matcha-Tee (japanischer Grüner Tee in Pulverform), 220 ml Haferdrink, 300 ml Sojasahne, 6 EL Agavendicksaft, Biskuitteig (siehe Rezept Seite 26), 4 schöne reife Birnen

RHABARBER
TARTE

Eine schöne Frühlingstarte, kräftig im Geschmack,
mit einem leckeren, leichten Belag, bei dem ich die
Eier und die Crème fraîche gegen Mandelmus,
Maisstärke und Hafersahne ausgetauscht habe.
Ideal auch im Sommer mit Aprikosen
oder im Herbst mit Birnen.

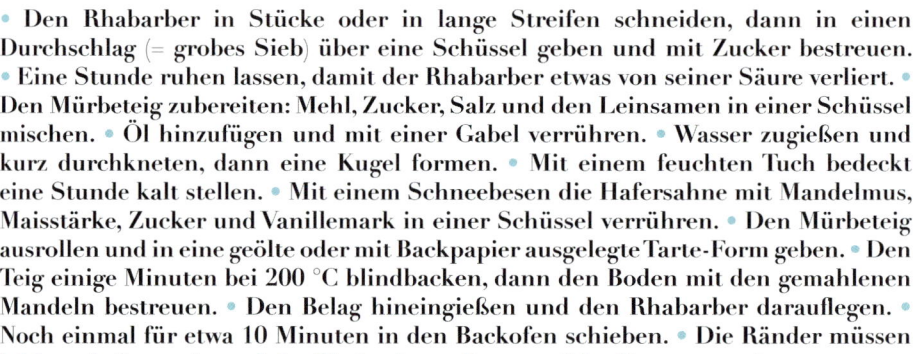

• Den Rhabarber in Stücke oder in lange Streifen schneiden, dann in einen Durchschlag (= grobes Sieb) über eine Schüssel geben und mit Zucker bestreuen. • Eine Stunde ruhen lassen, damit der Rhabarber etwas von seiner Säure verliert. • Den Mürbeteig zubereiten: Mehl, Zucker, Salz und den Leinsamen in einer Schüssel mischen. • Öl hinzufügen und mit einer Gabel verrühren. • Wasser zugießen und kurz durchkneten, dann eine Kugel formen. • Mit einem feuchten Tuch bedeckt eine Stunde kalt stellen. • Mit einem Schneebesen die Hafersahne mit Mandelmus, Maisstärke, Zucker und Vanillemark in einer Schüssel verrühren. • Den Mürbeteig ausrollen und in eine geölte oder mit Backpapier ausgelegte Tarte-Form geben. • Den Teig einige Minuten bei 200 °C blindbacken, dann den Boden mit den gemahlenen Mandeln bestreuen. • Den Belag hineingießen und den Rhabarber darauflegen. • Noch einmal für etwa 10 Minuten in den Backofen schieben. • Die Ränder müssen leicht gebräunt sein und der Rhabarber soll zart auf der Zunge zergehen.

FÜR 4 BIS 6 PERSONEN

500 g geschälter Rhabarber, 50 g weißer Rohrzucker **FÜR DEN MÜRBETEIG** 225 g Weizenmehl, 3 EL weißer Rohrzucker, ½ TL Salz, 1 EL gemahlener Leinsamen, 60 ml Traubenkernöl, 80 ml Wasser **FÜR DEN BELAG** 200 ml Hafersahne, 1 EL Mandelmus, 2 TL Maisstärke, 1 EL Zucker, 1 Vanilleschote, 4 EL gemahlene Mandeln

PFIRSICH ROSMARIN
TARTELETTES

Kleine Obsttörtchen mit einem zart duftenden Teig,
bei denen die Gelatine durch Agar-Agar ersetzt wurde.
Das ergibt einen leicht gelierten Pfirsichbelag,
schön dekoriert mit Fruchtstückchen
und ein paar Rosmarinnadeln.
So duftet es, wenn die schöne Jahreszeit beginnt!

• Zunächst den Teig zubereiten: Die beiden Mehlsorten, die gemahlenen Mandeln, Salz und Zucker in eine Schüssel geben. • Den gehackten Rosmarin und das Olivenöl hinzufügen und mit den Fingerspitzen vermengen. • Dann das Wasser dazugießen und zu einem gleichmäßigen Teig verkneten. • Zu einer Kugel geformt unter einem feuchten Tuch ruhen lassen. • 4 Pfirsiche schälen und in Würfel schneiden. • In etwas Wasser mit dem Agar-Agar und dem Agavendicksaft 5 Minuten bei starker Hitze kochen. • Von der Kochstelle nehmen und mit dem Stabmixer pürieren. • Den Teig auf einer leicht bemehlten Arbeitsfläche oder zwischen zwei Blättern Backpapier ausrollen. • Da er wenig Gluten enthält, ist er sehr bröckelig. • Tartelette-Förmchen einölen oder mit Backpapier auslegen und den Teig vorsichtig hineinlegen. • Etwa 4 Minuten im auf 180 °C vorgeheizten Ofen ohne Umluft blindbacken. • Das gelierte Pfirsichmus auf den Törtchen verteilen, dann die restlichen Pfirsiche schälen und in dünne Spalten schneiden. • Die Törtchen damit belegen. • Noch hübscher sehen die Törtchen mit Rosmarinnadeln aus: Nadeln in Wasser und dann in Rohrzucker tauchen, zuletzt auf die Törtchen legen. • Mit Rohrzucker bestreuen. • Einige Minuten im Backofen mit der Funktion „Grillen" überbacken. • Die Pfirsichspalten müssen weich, dürfen aber auch nicht zu weich sein und die Teigränder sollen leicht gebräunt sein. • Vor dem Herauslösen aus der Form abkühlen lassen. • Kalt oder noch warm am selben Tag genießen.

FÜR 4 BIS 6 TÖRTCHEN

FÜR DEN TEIG 75 g Einkornmehl, 65 g Vollkornreismehl, 2 EL gemahlene Mandeln, ¼ TL Salz, 2 EL weißer Rohrzucker, 1 TL frischer gehackter Rosmarin, 3 EL Olivenöl, 3 EL Wasser **FÜR DEN BELAG** 8 gelbe Pfirsiche, ½ TL Agar-Agar, 2 EL Agavendicksaft **ZUR DEKORATION** einige frische Rosmarinnadeln, Rohrzucker

ERDBEER RHABARBER CRUMBLE

Es ist unbestritten, dass Erdbeeren
und Rhabarber wunderbar zusammenpassen.
Mit diesem traditionellen und immer aktuellen
Rezept wird der wiederkehrende
Frühling gefeiert.

• Die trockenen Zutaten für den Crumble in eine Schüssel geben und vermischen. • Das Öl oder die in kleine Würfel geschnittene Margarine hinzufügen und mit den Fingerspitzen vermischen, bis ein körniger Teig mit Stückchen entsteht. • Diesen Streusel auf einen Teller oder auf eine Platte geben und kaltstellen (siehe Seite 22). • Den Rhabarber schälen und in Stücke schneiden, dann 10 Minuten bei mittlerer Hitze zusammen mit dem Rohrzucker in einem Topf kochen lassen. • In der Zwischenzeit die Erdbeeren waschen, entstielen und in große Stücke schneiden. • Eine Auflaufform einölen und mit dem Rhabarber auslegen. • Die Erdbeeren daraufgeben und mit dem Streusel bedecken. • Ca. 15 Minuten bei 180 °C backen. • Der Streusel muss leicht gebräunt und etwas knusprig sein.

FÜR 6 PERSONEN

FÜR DEN CRUMBLE 150 g Kamutmehl, 50 g Vollkornreismehl, 7 EL weißer Rohrzucker, 6 EL Traubenkernöl **FÜR DEN BELAG** 700 g Rhabarber, 75 g weißer Rohrzucker, 150 g Erdbeeren

MATCHA HIMBEER WHOOPIES

Die *Whoopies* oder *Whoopie pies* sind die allerneueste Entdeckung auf dem Gebiet der Patisserie. Es handelt sich hierbei um kleine „Sandwiches" aus lockerem Biskuit, gefüllt mit einer Creme oder mit Früchten. Unsere Kombination von japanischem Grünem Tee und Himbeeren ist eine ganz feine und leichte Variante.

• In einer Schüssel Öl und Mandelmus vermischen. • Puderzucker und Vanilleextrakt hinzugeben und verrühren. • Langsam den Haferdrink, dann das Backpulver und den Matcha-Tee einrühren. • Nach und nach das gesiebte Mehl zugeben. • Der Teig muss glatt und gleichmäßig sein. • Auf einem mit Backpapier ausgelegten Blech mit einem Teelöffel 12 kleine Teighäufchen verteilen. • Etwas Abstand lassen, denn der Teig geht beim Backen auseinander. • Mit angefeuchteten Fingern die Teighäufchen flachdrücken und glätten. • Ca. 10 Minuten im auf 180 °C vorgeheizten Ofen ohne Umluft backen. • In einem Topf Himbeeren, Wasser und Zucker mischen, dann 5 Minuten bei mittlerer Hitze kochen. • Agar-Agar hinzufügen, 1 Minute lang aufkochen lassen und von der Kochstelle nehmen. • Kühl stellen und eindicken lassen, dann mit dem Stabmixer pürieren. • Die Masse in einen Spritzbeutel mit einer breiten Tülle füllen. • Die Whoopies zusammensetzen: Mit dem Spritzbeutel etwas Himbeermasse auf die Unterseite eines Matcha-Plätzchens spritzen, dann mit einem anderen Plätzchen abdecken und dabei leicht andrücken. • Am selben Tag genießen.

FÜR 6 WHOOPIES

3 EL Traubenkernöl, 2 EL Mandelmus, 60 g Puderzucker (aus Rohrzucker), ½ TL Vanilleextrakt, 50 ml Haferdrink, ½ TL phosphatfreies Backpulver, 1,5 TL Matcha-Tee (japanischer Grüner Tee in Pulverform), 90 g Weizenmehl, 300 g Himbeeren, 3 EL Wasser, 6 EL Zucker, 1,5 TL Agar-Agar

CREMES UND
LEICHTE DESSERTS
MIT MILCHERSATZ

LEICHTE HELLE
MOUSSE
AU CHOCOLAT

Es gibt verschiedene Rezepte für eine vegane Mousse au chocolat,
zum Beispiel mit Seidentofu, Kokossahne
oder auch mit einer Schlagsahne-Zubereitung.
Hier ist ein Rezept für eine sehr lockere und zartschmelzende Mousse.
Ich verwende dafür auch Seidentofu,
mische ihn aber mit Sojasahne,
was das Dessert noch cremiger und leichter macht.

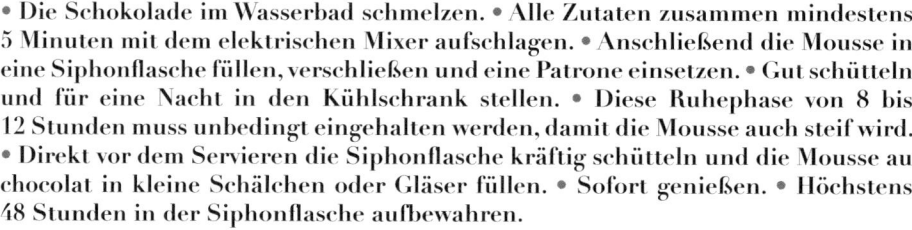

• Die Schokolade im Wasserbad schmelzen. • Alle Zutaten zusammen mindestens 5 Minuten mit dem elektrischen Mixer aufschlagen. • Anschließend die Mousse in eine Siphonflasche füllen, verschließen und eine Patrone einsetzen. • Gut schütteln und für eine Nacht in den Kühlschrank stellen. • Diese Ruhephase von 8 bis 12 Stunden muss unbedingt eingehalten werden, damit die Mousse auch steif wird. • Direkt vor dem Servieren die Siphonflasche kräftig schütteln und die Mousse au chocolat in kleine Schälchen oder Gläser füllen. • Sofort genießen. • Höchstens 48 Stunden in der Siphonflasche aufbewahren.

Variante
Auch wenn Sie keine Siphonflasche haben, können Sie die Mousse mit denselben Zutaten zubereiten: 10 Minuten mit der Küchenmaschine, dann noch 10 Minuten mit dem elektrischen Mixer mixen, um Luft unter die Masse zu heben. Vor dem Kaltstellen in Gläser oder Schälchen füllen.

FÜR 4 PERSONEN

150 g dunkle Schokolade, 200 g Seidentofu, 200 ml Sojasahne, 2 EL Agavendicksaft

KÄSEKUCHEN
MIT ROTEN FRÜCHTEN

Der so genannte *Cheesecake* ist ein absolutes Muss geworden.
Ursprünglich wurde er mit *cream cheese* zubereitet,
einem sahnigen Quark. Ich schlage Ihnen hier eine
vollkommen vegane Version vor, die Sie zu Hause sehr einfach
nachmachen können. Zur Tofumischung kommt Cashewmus hinzu,
das ganz leicht nach Käse schmeckt
und die Masse sehr locker macht.

• Die Spéculoos zerdrücken, dann mit Kokosöl und Mandelmus mixen. • Diese Mischung etwa 1 cm dick in eine leicht geölte Springform (22 cm Durchmesser) drücken (unbedingt eine Springform verwenden, damit man den Kuchen leichter herausnehmen kann). • Mit dem Boden eines Glases die Oberfläche glätten und den Teig an den Rändern leicht hochschieben. • Gut flachdrücken, damit der Boden fest wird. • Tofu, Sojasahne, Cashewmus, Zucker, Vanilleextrakt und Stärke mischen und auf den Teigboden gießen. • 30 Minuten bei 180 °C mit Umluft backen. • Der Käsekuchen muss oben ganz leicht gebräunt sein. • Abkühlen lassen. • In einem Topf die Früchte mit Zucker und Agar-Agar aufkochen. • Durch ein kleines Sieb streichen, um die Kerne zu entfernen. • Auf den Käsekuchen gießen, leicht abkühlen lassen und dann für 1 bis 2 Stunden in den Kühlschrank stellen. • Um den Kuchen aus der Form zu lösen, zuerst mit einem Messer den Rand lösen, dann die Form öffnen. • Eventuell mit frischen Früchten garnieren.

FÜR 6 BIS 8 PERSONEN

FÜR DEN TEIG 200 g Spéculoos, 2 EL Kokosöl, 4 EL gemahlene Mandeln **FÜR DEN BELAG** 250 g fester Tofu, 100 g Seidentofu, 175 ml Sojasahne, 5 EL Cashewmus, 100 g weißer Rohrzucker, 1 TL Vanilleextrakt, 5 EL Maisstärke **FÜR DIE FRUCHT-SAUCE** 300 g gemischte rote Früchte (Heidelbeeren, Himbeeren, Erdbeeren, Brombeeren, Johannisbeeren ...), 60 g weißer Rohrzucker, ½ TL Agar-Agar

ERDBEER INGWER WOLKE

Ein luftiges Dessert zusammengesetzt
aus einem fruchtigen Schaum auf einem Plätzchen.
Perfekt, wenn das Wetter Lust auf Leichtes macht.
Ein schönes Beispiel für die
gleichzeitige Verwendung
von Seidentofu und Agar-Agar:
leicht und mit dem richtigen Halt.

• In einer Schüssel Mehl, Zucker, Zimt und gemahlene Mandeln mischen. • Die in kleine Würfel geschnittene Margarine hinzufügen. • Mit den Fingerspitzen zu Streusel verreiben. • Den Haferdrink dazugießen und nochmals mit den Händen durchmischen. • Den Teig dünn zwischen zwei Blättern Backpapier so ausrollen, dass später 4 Kreise von 8 cm Durchmesser ausgeschnitten werden können. • Das obere Blatt Backpapier abziehen und den Teig auf einem Blech ca. 10 Minuten bei 180 °C mit Umluft backen. • Er sollte ganz leicht gebräunt und noch etwas weich sein. • In einem Topf Sojasahne, Seidentofu, Zucker und Agar-Agar vermischen. • 1 Minute lang unter ständigem Rühren aufkochen. • Die Erdbeeren, den Ingwer und die Agar-Agar-Masse in einen hohen Behälter geben und 5 Minuten mit dem Stabmixer pürieren. • Mit einem Dessertring oder einem runden Ausstecher mit etwa 8 cm Durchmesser 4 Kreise aus dem gebackenen, noch weichen Teig ausschneiden. • Vier Dessertringe auf Dessertteller stellen. • Die Plätzchen-Böden hineinlegen und die Erdbeercreme darübergießen. • Für 2 Stunden in den Kühlschrank stellen. • Kurz vor dem Servieren die Erdbeeren in kleine Würfel schneiden, auf die Desserts legen und diese dann aus der Form lösen.

FÜR 4 PERSONEN

FÜR DIE PLÄTZCHEN 100 g Kamutmehl, 50 g weißer Rohrzucker, ¼ TL Zimt, 3 EL gemahlene Mandeln, 50 g rein pflanzliche Bio-Margarine, 3 EL Haferdrink
FÜR DEN FRUCHTSCHAUM 200 ml Sojasahne, 400 g Seidentofu, 60 g weißer Rohrzucker, 1 TL Agar-Agar, 200 g in Würfel geschnittene Erdbeeren, 2 TL fein geriebener Ingwer **ZUM DEKORIEREN** 50 g Erdbeeren

CRÈME BRÛLÉE

Ein Klassiker unter den Klassikern,
hier ohne Eier,
dafür mit Agar-Agar und mit Seidentofu.
Schnell zubereitet,
Zeit gespart – so verwöhnen Sie Ihre Gäste.

• Alle Zutaten für die Creme in eine Schüssel geben und einige Minuten mixen. • Die Masse muss glatt und gleichmäßig sein. • In einen Topf gießen und für 1 bis 2 Minuten zum Kochen bringen, dabei kräftig mit dem Schneebesen schlagen. • Die Creme in 4 Schälchen verteilen und etwas abkühlen lassen, dann für 1 bis 2 Stunden kalt stellen, damit sie fest wird. • Vor dem Servieren die Creme mit Rohrzucker bestreuen und den Zucker mit einem Flambierbrenner oder einem Gasbrenner karamellisieren.

Tipp

Sie benötigen unbedingt einen Flambier- bzw. Gasbrenner, damit sich die berühmte dünne Karamell-Schicht bilden kann und die Creme dabei kalt bleibt. Im Backofen würde die Creme nochmals nachgaren und eine andere Konsistenz bekommen.

FÜR 4 PERSONEN

FÜR DIE CREME 400 g Seidentofu, 200 ml Sojasahne, ½ TL Agar-Agar, 1 EL Mandelmus, Mark von 1 Vanilleschote, 40 g weißer Rohrzucker, ¼ TL gemahlene Tonkabohne **FÜR DIE KARAMELLKRUSTE** 4 EL weißer Rohrzucker

MANDEL KIRSCH
PANNA COTTA

Der berühmte italienische Sahnepudding lässt sich auch ohne Gelatine zubereiten, wenn man stattdessen Agar-Agar verwendet. Eine ganz geringe Menge genügt, um die Panna Cotta steif werden zu lassen. Und wunderbar locker bleibt die Creme auch.

• Sojasahne, Mandeldrink, Agar-Agar und Vanillemark in einer Schüssel mit dem Schneebesen verrühren. • Je nach Geschmack 1 bis 2 Tropfen Bittermandelextrakt hinzufügen und mit Agavendicksaft süßen. • 2 Minuten aufkochen lassen, dabei mit einem Holzlöffel umrühren. • Die Creme in 4 Gläser oder Schälchen gießen, etwas abkühlen lassen und dann gut 2 Stunden kaltstellen, damit sie fest wird. • Die Kirschen klein schneiden, mit etwas Wasser und dem Zucker in einen Topf geben und zum Kochen bringen. • Mit dem Stabmixer pürieren, dann noch 10 Minuten bei geringer Hitze weiterkochen lassen. • Die Kirschsauce durchpassieren, um Schalenreste aufzufangen, dann zur Seite stellen. • Vor dem Servieren die Kirschsauce auf die Panna Cotta geben und mit gerösteten Mandelblättchen garnieren. • Innerhalb von 24 Stunden genießen.

FÜR 4 PERSONEN

FÜR DIE CREME 300 ml Sojasahne, 100 ml Mandeldrink, ½ TL Agar-Agar, 1 Vanilleschote, Bittermandelextrakt, 2 EL Agavendicksaft **FÜR DIE FRUCHTSAUCE** 300 g entsteinte Kirschen, 4 EL weißer Rohrzucker **ZUM DEKORIEREN** 30 g geröstete Mandelblättchen

KIRSCH
AUFLAUF

Bei diesem köstlichen veganen Kirschauflauf
werden die Eier durch Stärkemehl
und Seidentofu ersetzt.

• Die Kirschen waschen und in eine geölte Auflaufform legen. • Den Ofen auf
180 °C mit Umluft vorheizen. • In einer Schüssel das Mandelmus und den Seidentofu
mit einem Schneebesen cremig verrühren, dann nach und nach den Mandeldrink
hinzufügen. • Agar-Agar und Kartoffelstärke hinzugeben und weiter schlagen. •
Zucker, Vanillemark und gemahlene Mandeln hineingeben und gut vermischen. •
Diese Masse über die Kirschen gießen und 30 Minuten im Backofen backen. • Der
Auflauf soll an der Oberfläche leicht gebräunt, aber noch zart-locker sein.

FÜR 4 BIS 6 PERSONEN

400 g Kirschen ohne Stiel (am besten Sauerkirschen), 2 EL Mandelmus, 4 EL Seidentofu, 200 ml Mandeldrink, ½ TL Agar-Agar, 1 TL Kartoffelstärke, 50 g weißer
Rohrzucker, 1 Vanilleschote, 2 EL gemahlene Mandeln

KLEINE
SCHOKOLADENKUCHEN
MIT ZARTSCHMELZENDEM
SCHOKOKERN

Der beste Beweis dafür, dass die vegane Backkunst
den traditionellen Kuchen und Desserts in nichts nachsteht,
sind vielleicht diese kleinen lockeren Kuchen
mit ihrem zartschmelzenden Schokokern,
die einfach zu jeder Gelegenheit willkommen sind!
Das Apfelmus macht sie so locker und die
Pfeilwurzelstärke dient als Bindemittel.

• Die Schokolade im Wasserbad schmelzen. • Die Schüssel über dem warmen Wasser lassen und Zucker und Öl dazugeben, gut vermischen. • Die Hafersahne und dann das Apfelmus einrühren. • Von der Kochstelle nehmen. • Die Pfeilwurzelstärke, das Backpulver und das Salz dazugeben. • Zum Schluss nach und nach das Mehl unterrühren. • In 6 leicht geölte Schälchen füllen und 10 Minuten bei 180 °C ohne Umluft backen. • Warm am selben Tag genießen, nach Belieben Vanillesauce (siehe Seite 18) dazu servieren.

FÜR 6 PERSONEN

200 g dunkle Schokolade, 100 g weißer Rohrzucker, 4 EL Traubenkernöl, 100 ml Hafersahne, 4 EL Apfelmus ohne Stücke, 2 TL Pfeilwurzelstärke, 1 TL phosphatfreies Backpulver, ¼ TL Meersalz, 100 g Kamutmehl

{ TEA TIME
& BRUNCH }

{ KAROTTENKUCHEN
MIT WALNÜSSEN }

Dieser bei den Angelsachsen wohlbekannte Kuchen
verzeichnet auch bei uns einen Riesenerfolg.
Hier eine leicht gezuckerte und sehr lockere Variante,
die zart nach Winter duftet. Durch das Backpulver
geht der Kuchen gut auf und wird schön zart.
Ihre Gäste werden staunen, wenn Sie ihnen verraten,
dass er ohne Eier zubereitet worden ist.

• Alle trockenen Zutaten außer den Walnüssen in einer Schüssel vermischen.
• Die frisch geriebenen Karotten und das Öl dazugeben und mit einem Teigschaber
unterheben. • Den Orangensaft gut unterrühren. • Die grob gehackten Walnüsse
dazugeben. • Eine Kastenform mit Backpapier auslegen oder mit Traubenkernöl
ausfetten. • Den Teig hineingießen und 45 Minuten bei 180 °C backen. • Mit einem
sauberen Messer mehrmals prüfen, ob der Teig durchgebacken ist und die Backzeit
eventuell verkürzen oder verlängern. • Abkühlen lassen, aus der Form lösen und
genießen.

FÜR 6 BIS 8 PERSONEN

275 g Weizenmehl, 50 g weißer Rohrzucker, ½ TL Meersalz, 2 TL phosphatfreies Backpulver,
½ TL Backsoda, 2 TL gemahlener Zimt, 250 g geriebene Karotten, 150 ml Traubenkernöl,
125 ml Orangensaft (1 bis 2 ausgepresste Orangen), 100 g Walnüsse

HEIDELBEER
MUFFINS

Leichte, lockere Muffins mit leckeren saftigen Früchten. Ein einfaches und schnelles Rezept, das selbst Kenner zum Staunen bringt! Der Grundteig besteht aus mehreren Ersatzprodukten für Eier: Die Stärke bindet den Teig und macht ihn luftig, Apfelmus und Soja-Joghurt machen ihn locker und leicht. Natürlich können Sie die Muffins je nach Belieben auch mit anderen Früchten zubereiten.

• Alle trockenen Zutaten in einer Schüssel vermischen. • In einer zweiten Schüssel alle feuchten Zutaten mit dem Schneebesen verrühren. • Nach und nach die trockene Mischung mit dem Schneebesen in die feuchte Masse einarbeiten. • Die ganzen Heidelbeeren hinzufügen und mit einem Holzlöffel vorsichtig unterheben. • Papierförmchen in die Muffins-Backform legen und den Teig hineingeben. • Mit Dinkelflocken und Rohrzucker bestreuen. • Im vorgeheizten Backofen 20 Minuten bei 180 °C mit Umluft backen. • Die Muffins in den Papierförmchen aus der Backform heben und auf einem Rost abkühlen lassen. • Innerhalb von 24 Stunden genießen.

FÜR 12 MUFFINS

TROCKENE ZUTATEN 220 g Weizenmehl, 30 g Maisstärke, 3 TL phosphatfreies Back-pulver, 2 EL gemahlene Mandeln, 100 g weißer Rohrzucker, ½ TL Salz
FEUCHTE ZUTATEN 250 ml Soja-Naturjoghurt, 3 EL Traubenkernöl, 2 TL Mandelmus, 2 EL Apfelmus ohne Stücke, 1 TL Vanilleextrakt, 150 g gewaschene Heidelbeeren
ZUM DEKORIEREN 3 EL Dinkel- oder Haferflocken, 1 EL weißer Rohrzucker

CRANBERRY

SCONES

Dieses englische Gebäck wird traditionell zum Tee serviert,
es passt aber auch sehr gut zum Frühstück.
Dies ist eine Variante ohne Eier und mit wenig Zucker und
durch das Backpulver bleiben die
Scones außergewöhnlich locker.

• Den Backofen auf 220 °C vorheizen. • Mehl, Zucker, Backpulver und Salz in einer Schüssel vermischen. • Die Margarine in kleinen Stücken dazugeben und wie bei der Zubereitung eines Crumble mit den Fingerspitzen gut verreiben. • Den Sojadrink dazugießen und gut vermischen. • Die Cranberries untermengen. • Auf einer bemehlten Arbeitsfläche 2 Kugeln formen, leicht flachdrücken und mit einer Ausstechform runde oder dreieckige Formen ausstechen. • Man kann die Scones auch mit den Händen formen, indem man ein wenig Teig zu einer Kugel oder einem Dreieck formt. • Die Scones auf ein mit Backpapier ausgelegtes Blech legen und 15 Minuten backen.

FÜR 10 SCONES

250 g Weizenmehl T65 (in etwa Type 550 in Deutschland bzw. W700 in Österreich), 4 EL weißer Rohrzucker, 3 TL phosphatfreies Backpulver, ½ TL Salz, 50 g rein pflanzliche Bio-Margarine, 175 ml Sojadrink, 50 bis 60 g getrocknete Cranberries

PANCAKES

Die Stars des angelsächsischen Frühstücks,
im deutschsprachigen Raum als Pfannkuchen bekannt,
eignen sich wunderbar für eine vegane Ausführung:
gesund durch Kartoffelstärke und Haferdrink,
zart und locker durch das Reismehl.

• Beide Mehlsorten, Zucker, Stärke und Backpulver in einer Schüssel mischen.
• Nach und nach den Haferdrink dazugießen und mit dem Schneebesen gut vermischen. • Die Masse muss schön glatt sein und die Konsistenz eines dickflüssigen Pancaketeiges haben. • Vanillemark dazugeben und gut vermischen. • Dann das Öl hineingeben und auch mit dem Schneebesen vermischen. • Den Teig mit einem Tuch abdecken und eine Stunde bei Raumtemperatur ruhen lassen. • Eine kleine Pfanne auf etwa 2/3 der maximalen Herdtemperatur erwärmen und langsam etwas weniger als eine halbe Suppenkelle Teig für einen Pancake hineingießen. • Es bilden sich Blasen, die an die Oberfläche steigen. • Wenn alle geplatzt sind und der Teig an der Oberfläche fast trocken ist, den Pancake umdrehen und auf der anderen Seite noch etwa 1 Minute backen. • Mit dem Rest des Teiges ebenso verfahren. • Die Pancakes müssen schön goldgelb sein. • Wenn sie zu hell sind, ist die Hitze nicht stark genug; sind sie zu dunkel, ist die Hitze zu stark. • Mit frischem Obst und mit Ahornsirup servieren.

FÜR 15 PANCAKES

125 g Weizenmehl T65 (in etwa Type 550 in Deutschland bzw. W700 in Österreich), 50 g Vollkornreismehl, 75 g weißer Rohrzucker, 3 TL Kartoffelstärke, 1,5 TL phosphatfreies Backpulver, 350 ml Haferdrink, ½ TL Vanilleextrakt oder das Mark einer halben Vanilleschote, 2 EL Traubenkernöl

LEICHTE
BRIOCHE
MIT OLIVENÖL

Süßes Brot selber zu backen ist gar nicht so schwierig,
wie man oft glaubt. Das einzige Geheimnis ist
das gründliche Durchkneten. Hier ein sehr einfaches
Rezept für ein leichtes, lockeres Briochebrot,
das die ganze Familie begeistern wird.

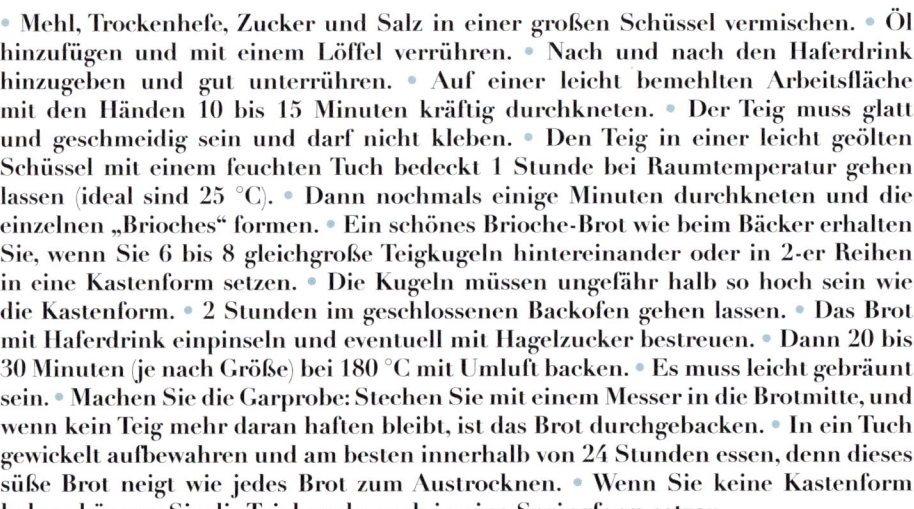

• Mehl, Trockenhefe, Zucker und Salz in einer großen Schüssel vermischen. • Öl hinzufügen und mit einem Löffel verrühren. • Nach und nach den Haferdrink hinzugeben und gut unterrühren. • Auf einer leicht bemehlten Arbeitsfläche mit den Händen 10 bis 15 Minuten kräftig durchkneten. • Der Teig muss glatt und geschmeidig sein und darf nicht kleben. • Den Teig in einer leicht geölten Schüssel mit einem feuchten Tuch bedeckt 1 Stunde bei Raumtemperatur gehen lassen (ideal sind 25 °C). • Dann nochmals einige Minuten durchkneten und die einzelnen „Brioches" formen. • Ein schönes Brioche-Brot wie beim Bäcker erhalten Sie, wenn Sie 6 bis 8 gleichgroße Teigkugeln hintereinander oder in 2-er Reihen in eine Kastenform setzen. • Die Kugeln müssen ungefähr halb so hoch sein wie die Kastenform. • 2 Stunden im geschlossenen Backofen gehen lassen. • Das Brot mit Haferdrink einpinseln und eventuell mit Hagelzucker bestreuen. • Dann 20 bis 30 Minuten (je nach Größe) bei 180 °C mit Umluft backen. • Es muss leicht gebräunt sein. • Machen Sie die Garprobe: Stechen Sie mit einem Messer in die Brotmitte, und wenn kein Teig mehr daran haften bleibt, ist das Brot durchgebacken. • In ein Tuch gewickelt aufbewahren und am besten innerhalb von 24 Stunden essen, denn dieses süße Brot neigt wie jedes Brot zum Austrocknen. • Wenn Sie keine Kastenform haben, können Sie die Teigkugeln auch in eine Springform setzen.

FÜR 2 MITTELGROSSE ODER 3 KLEINE BROTE

500 g Weizenmehl T55 (in etwa Type 550 in Deutschland bzw. W700 in Österreich), 1 Tüte Trockenhefe (9 g), 40 g weißer Rohrzucker, 1 TL Meersalz, 75 g Olivenöl, 250 ml Haferdrink, Hagelzucker (nach Belieben)

{ ZIMT SCHNECKEN }

Zimtschnecken sind in den angelsächsischen
Ländern sehr beliebt und werden sicherlich
bei Ihnen denselben Anklang finden.

• Die Hefe, den Teelöffel Zucker und das warme Wasser verrühren. • Zehn Minuten stehen lassen, die Mischung wird dabei schaumig. • In einer Schüssel das Mehl mit dem Salz und den drei anderen Esslöffeln Zucker mischen, dann das Öl und den Haferdrink hinzugeben. • Rasch mit einer Gabel verrühren und diese Masse in die Hefemischung geben. • Den Teig auf einer bemehlten Arbeitsfläche gut 10 Minuten durchkneten. • In eine Schüssel geben, mit einem Tuch abdecken und 1,5 Stunden bei 20 bis 25 °C gehen lassen (bei Raumtemperatur oder im vorgeheizten und dann ausgeschalteten Backofen). • Den Teig auf einer bemehlten Arbeitsfläche zu einem Rechteck ausrollen oder mit den Händen zu einem Rechteck ziehen. • Für die Füllung die Margarine mit Zucker und Zimt in einen Topf geben, auf kleiner Flamme erwärmen und dann auf den Teig streichen. • Den Teig zu einer langen Rolle zusammenrollen. • Mit einem Küchenmesser in etwa 2 cm breite Scheiben schneiden. • Das Messer nach jedem Schneiden abwischen, damit die Scheiben eine glatte Schnittfläche bekommen. • Die Teigscheiben in eine große geölte Form oder in Muffin- bzw. Tartelette-Förmchen legen. • Bei 180 °C etwa 8 Minuten backen. • Für die Glasur Puderzucker, Vanilleextrakt und Haferdrink verrühren. • Mit einer Gabel auf jede Zimtschnecke etwas Glasur gitterförmig auftragen.

FÜR 12 ZIMTSCHNECKEN

FÜR DEN TEIG 1 TL Trockenhefe, 1 TL weißer Rohrzucker, 200 ml warmes Wasser, 250 g Weizenmehl, ½ TL Meersalz, weitere 3 EL weißer Rohrzucker, 2 EL Traubenkernöl, 120 ml Haferdrink **FÜR DIE ZIMTFÜLLUNG** 3 EL Margarine, 8 EL weißer Rohrzucker, 3 TL gemahlener Zimt **FÜR DIE ZUCKERGLASUR** 4 EL Puderzucker, ⅛ TL Vanilleextrakt, 1 TL Haferdrink

WAFFELN

Leicht knusprig und
gleichzeitig locker – so mag ich Waffeln.
Es gibt unzählige Varianten in den
verschiedenen Regionen und Ländern.
Ich habe für Sie eine ausgesucht,
die fein nach Vanille und Orangenblüten duftet.

• Die Margarine in einem kleinen Topf bei leichter Hitze schmelzen. • In eine Schüssel geben und mit dem Schneebesen zusammen mit dem Zucker verschlagen. • Den Reisdrink dazugeben und weiter schlagen. • Vanille und Orangenblütenaroma hinzugeben. • Das Backpulver und das Mehl nach und nach einrühren, dabei darauf achten, dass sich keine Klümpchen bilden (eventuell vorher durchsieben). • Gut schlagen, damit der Teig glatt und geschmeidig wird. • Ein Waffeleisen auf die passende Temperatur aufheizen und die Backflächen mit Öl bepinseln. • Das Waffeleisen mit Teig füllen und schließen. • Ca. 5 Minuten backen, dabei immer wieder den Bräunungsgrad überprüfen. • Die Waffeln müssen goldgelb sein. • Warm noch am selben Tag genießen.

Mein Vorschlag

Sehr lecker sind diese Waffeln auch mit frischem Obst und für besondere Feinschmecker noch mit Sahne dazu – oder aber an einem Winternachmittag mit einer heißen Schokolade.

FÜR 6 WAFFELN

50 g rein pflanzliche Bio-Margarine, 50 g weißer Rohrzucker, 200 ml Reisdrink, ½ TL Vanilleextrakt, ¼ TL natürliches Orangenblütenaroma, 1,5 TL phosphatfreies Backpulver, 160 g Weizenmehl, Traubenkernöl für das Waffeleisen

EIS
DESSERTS

MANDEL GRÜNTEE EIS

Ein japanisch inspiriertes Eis:
das feine Aroma von Grünem Tee
und der zarte Geschmack von Mandeln.

• In einem hohen Gefäß alle Zutaten mit dem Stabmixer pürieren. • Wenn Sie eine Eismaschine haben, folgen Sie den Anweisungen für das Gerät. • Sonst füllen Sie die Matcha-Tee-Creme in einen dicht schließenden Behälter und stellen ihn für ca. 6 Stunden in das Gefrierfach. • Jede Stunde umrühren, damit das Eis keine Kristalle bildet. • Das Eis 5 Minuten vor dem Verzehr aus dem Gefrierfach nehmen.

FÜR 4 PERSONEN

6 EL Mandelmus, 200 ml Sojasahne, 150 ml Mandeldrink, 6 TL Matcha-Tee (japanischer Grüner Tee in Pulverform), 4 EL Agavendicksaft

ZITRONEN HIMBEER
EIS AM STIEL

Das „Selbermachen" erlebt ein großes Comeback,
daher findet man mittlerweile überall auch
Förmchen zum Zubereiten von Eis am Stiel.
Dieses zweifarbige Eis ist mehr als ein einfaches Wassereis:
ein richtiges Frucht-Sorbet, das die ganze Familie mögen wird.

• Zuerst das Zitroneneis zubereiten: Von einer Hälfte der Zitrone die Zesten abziehen und dann die gesamte Zitrone auspressen. • Saft und Zesten mit 100 ml Mandelsahne und 2 Esslöffeln Agavendicksaft vermischen. • Dann das Himbeereis zubereiten: Die Himbeeren mit 100 ml Mandelsahne und 2 Esslöffeln Agavendicksaft pürieren und anschließend durch ein feines Sieb streichen, um die Kerne zu entfernen. • Die Eisförmchen zur Hälfte mit einer der Fruchtcremes füllen. • Im Gefrierfach ca. 2 Stunden anfrieren lassen, dann die zweite Fruchtcreme einfüllen. • Die Stiele hineinstecken und weitere 2 Stunden ins Gefrierfach geben. • Unter warmem Wasser das Eis aus den Förmchen lösen. • Innerhalb von einer Woche verbrauchen.

FÜR 6 PORTIONEN

1 ungespritzte Zitrone, 200 ml Mandelsahne, 4 EL Agavendicksaft, 100 g Himbeeren

{ PFIRSICH-JOGHURT }
EIS

Joghurt-Eis ist sehr leicht und schmeckt wunderbar.
Die vegane Version mit Soja-Joghurt ist sehr einfach zuzubereiten.
Ein simples und leckeres Rezept, ideal als
kleine Erfrischung für „zwischendurch".

• Den Joghurt mit der Hälfte der Pfirsiche, dem Seidentofu und dem Agavendicksaft pürieren. • Den Rest der Pfirsiche in kleine Würfel schneiden und dazugeben. • Gut untermengen. • Wenn Sie eine Eismaschine haben, folgen Sie den Anweisungen für das Gerät. • Sonst füllen Sie die Pfirsich-Creme in einen dicht schließenden Behälter und stellen ihn für ca. 5 Stunden in das Gefrierfach. • Jede halbe Stunde umrühren, damit das Eis keine Kristalle bildet. • Das Eis 5 Minuten vor dem Verzehr aus dem Gefrierfach nehmen. • Innerhalb von 72 Stunden aufbrauchen.

FÜR 6 PERSONEN

350 g Soja-Naturjoghurt, 250 g gelbe Pfirsiche, geschält und in Würfel geschnitten, 150 g Seidentofu, 4 EL Agavendicksaft

{ GEEISTES WEISSES NOUGAT MIT ROSENAROMA }

Ein leichtes Eisparfait mit karamellisierten Nüssen,
inspiriert von der orientalischen Patisserie
und dem südfranzösischen
Weißen Nougat.

• Den Haferdrink mit Cashewmus, Sojasahne, Agavendicksaft und Rosenaroma pürieren. • Ins Gefrierfach stellen. • In eine heiße Pfanne den Zucker und das Wasser geben, dann die Mandeln und Pistazien hinzufügen. • 5 Minuten karamellisieren lassen. • Die karamellisierten Mandeln und Pistazien in die Rosen-Masse geben. • Wenn Sie eine Eismaschine haben, folgen Sie den Anweisungen für das Gerät. • Sonst füllen Sie die Rosen-Creme in einen dicht schließenden Behälter und stellen ihn für ca. 6 Stunden in das Gefrierfach. • Jede Stunde umrühren, damit das Eis keine Kristalle bildet. • Das Eis 5 Minuten vor dem Verzehr aus dem Gefrierfach nehmen. • Kurz vor dem Servieren den Behälter unter warmes Wasser halten, um den Eisblock herauszulösen. • Ein Messer unter heißem Wasser anwärmen und damit das Eis in Scheiben schneiden.

FÜR 6 BIS 8 PERSONEN

250 ml Haferdrink, 4 EL Cashewmus, 100 ml Sojasahne, 3 EL Agavendicksaft, 1 TL natürliches Rosenaroma oder Rosenblütenwasser (Lebensmittel), 2 EL weißer Rohrzucker, 2 EL Wasser, 50 g Mandeln, 50 g Pistazien

KOKOS INGWER MANGO
EIS AM STIEL

Eine süße und erfrischende
Mischung tropischer Aromen,
einfach perfekt für den Sommer.
Ein wahrer Cocktail am Stiel!

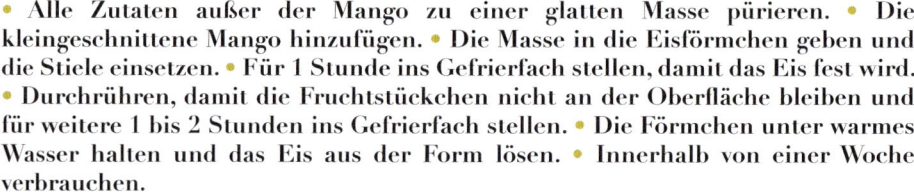

• Alle Zutaten außer der Mango zu einer glatten Masse pürieren. • Die kleingeschnittene Mango hinzufügen. • Die Masse in die Eisförmchen geben und die Stiele einsetzen. • Für 1 Stunde ins Gefrierfach stellen, damit das Eis fest wird. • Durchrühren, damit die Fruchtstückchen nicht an der Oberfläche bleiben und für weitere 1 bis 2 Stunden ins Gefrierfach stellen. • Die Förmchen unter warmes Wasser halten und das Eis aus der Form lösen. • Innerhalb von einer Woche verbrauchen.

FÜR 6 PORTIONEN

200 ml Kokosmilch, 20 g Kokosnussraspeln (oder -stückchen), ¼ bis ½ TL geriebener Ingwer (oder Ingwermus), 2 EL Agavendicksaft, 2 EL Zitronensaft, 50 g Mango, in kleine Stücke geschnitten

ZU BEACHTEN

• Temperaturen und Backzeiten sind nur Richtwerte; je nach Backofen kann die Backzeit variieren.

• Überprüfen Sie regelmäßig den Bräunungsgrad und passen Sie vor allem gegen Ende der Backzeit sehr gut auf. Plätzchen und Kekse müssen am Rand leicht gebräunt sein. Ein Kuchen ist durchgebacken, wenn an einem in die Mitte eingestochenen Messer kein Teig mehr haften bleibt.

• Wenn Ihre Backform eine andere Größe als die im Rezept empfohlene hat, müssen Sie die Backzeit entsprechend abändern. Je höher der Kuchen, desto länger die Backzeit. Auch das Material der Backform (Keramik, Stahl, Silikon etc.) beeinflusst die Garzeiten. Achten Sie auch auf die verschiedenen Einstellungen Ihres Backofens.

• Es ist wichtig, dass Sie sich an die angegebenen Ruhezeiten für einen Teig halten, denn dies verändert die Beschaffenheit des Teiges (gehen lassen, Zutaten zusammen reagieren lassen, aushärten lassen). Auch die angegebenen Temperaturen während des Ruhens müssen beachtet werden (kalt stellen, bei Raumtemperatur oder bei 20 bis 25 °C).

• Die Anschaffung von Backzubehör erscheint manchmal kostspielig. Auf lange Sicht ist es aber eine gute Investition, wenn Sie Qualitätsware kaufen, die Sie dann auch sehr lange verwenden können. Die gesündesten Materialien sind auch die haltbarsten: Weißblech, Edelstahl, Gusseisen, Keramik oder feuerfestes Glas.

• Je nach Marke der verwendeten Produkte gelingen die Rezepte manchmal unterschiedlich gut (vor allem bei Backpulver, Margarine, Mandelmus etc.) Eventuell müssen Sie die Mengen leicht ändern: zum Beispiel ein Fünftel mehr oder weniger.

• Und schließlich noch ein Tipp, der Ihnen vielleicht überflüssig vorkommt: Überprüfen Sie immer die Mengen und achten Sie darauf, keine Zutat zu vergessen. In einem misslungenen Rezept wurde oft eine Zutat vergessen oder die Mengen wurden nicht richtig abgeändert.

REZEPTVERZEICHNIS NACH THEMEN

OHNE GLUTEN

Crème brûlée.................................66
Geeistes Weißes Nougat mit Rosenaroma...........98
Kokosberge.................................42
Kokos-Ingwer-Mango-Eis am Stiel.............100
Leichte helle Mousse au chocolat.............60
Mandel-Grüntee-Eis.........................92
Mandel-Kirsch-Panna-Cotta..................68
Pfirsich-Joghurt-Eis.......................96
Schokoladen-Ganache mit Kokos..............28
Schokoladen-Ganache mit Olivenöl
und Fleur de Sel...........................28
Zitronen-Himbeer-Eis am Stiel..............94

OHNE SOJA

Crumble....................................22
Erdbeer-Rhabarber-Crumble..................54
Karamell-Cashew-Cookies....................36
Karottenkuchen mit Walnüssen...............76
Kleine Schokoladenkuchen mit
zartschmelzendem Schokokern................72
Kokosberge.................................42
Kokos-Ingwer-Mango-Eis am Stiel.............100
Leichte Brioche mit Olivenöl...............84
Mandel-Grüntee-Eis.........................92
Mandel-Schokoladen-Biscotti................34
Matcha-Himbeer-Whoopies....................56
Mürbeteig mit Haselnüssen..................21
Mürbeteig mit Leinsamen....................20
Pancakes...................................82
Pfirsich-Rosmarin-Tartelettes..............52
Rhabarber-Tarte............................50
Sandgebäck.................................24
Spéculoos..................................40
Vanillesauce...............................18
Waffeln....................................88
Zimtschnecken..............................86
Zitronen-Himbeer-Eis am Stiel..............94
Zitronen-Ingwer-Plätzchen..................32

OHNE SCHALENFRÜCHTE

Erdbeer-Rhabarber-Crumble..................54
Kleine Schokoladenkuchen mit
zartschmelzendem Schoko-Kern...............72
Kokosberge.................................42

Kokos-Ingwer-Mango-Eis am Stiel.............100
Leichte helle Mousse au chocolat.............60
Mürbeteig mit Leinsamen....................20
Pancakes...................................82
Pfirsich-Joghurt-Eis.......................96
Schokoladen-Ganache mit Kokos..............28
Schokoladen-Ganache mit
Olivenöl und Fleur de Sel..................28
Vanillesauce...............................18
Waffeln....................................88
Zimtschnecken..............................86
Zitronen-Tarte.............................46

OHNE BACKEN IM OFEN

Crème brûlée...............................66
Geeistes Weißes Nougat
mit Rosenaroma.............................98
Kokos-Ingwer-Mango-Eis am Stiel.............100
Leichte helle Mousse au chocolat.............60
Mandel-Grüntee-Eis.........................92
Mandel-Kirsch-Panna-Cotta..................68
Pancakes...................................82
Pfirsich-Joghurt-Eis.......................96
Schokoladen-Ganache mit Kokos..............28
Schokoladen-Ganache mit
Olivenöl und Fleur de Sel..................28
Vanillesauce...............................18
Waffeln....................................88
Zitronen-Himbeer-Eis am Stiel..............94

EXPRESS-REZEPTE

Crumble....................................22
Erdbeer-Rhabarber-Crumble..................54
Heidelbeer-Muffins.........................78
Karamell-Cashew-Cookies....................36
Kleine Schokoladenkuchen
mit zartschmelzendem Schoko-Kern...........72
Kokosberge.................................42
Pancakes...................................82
Schokoladen-Ganache mit Kokos..............28
Schokoladen-Ganache mit
Olivenöl und Fleur de Sel..................28
Vanillesauce...............................18
Waffeln....................................88
Zitronen-Ingwer-Plätzchen..................32

INTERESSANTE LINKS

KÜCHENUTENSILIEN

www.casserole.at
www.kochform.de
Auf schadstofffreie Materialien wie Weißblech, Edelstahl, Gusseisen, Keramik oder feuerfestes Glas achten.

VEGANE PRODUKTE BEZIEHEN

online

www.veganversand.at
www.veganversand-lebensweise.at
www.veganbag.at
www.bioveganversand.at
www.alles-vegetarisch.de
www.vegan-wonderland.de
www.smilefood.de
www.veganbasics.de
www.radixversand.de
www.peta.de/bezugsquellen

Geschäfte

www.veganz.de (in Deutschland mit einigen Filialen vertreten, in Österreich kommt die erste im Herbst 2013) Auch in Reformhäusern, Bio-Läden und einigen Supermärkten der großen Ketten sind vegane Lebensmittel erhältlich.

Blogs (Stand: September 2013)
Die 50 besten veganen Blogs
(großteils Englisch)
http://psychologyofeating.com/
50-top-vegan-blogs/

Veganes Backen

www.veganpassion.blogspot.co.at
www.cakeinvasion.de

Veganes Kochen & Backen

www.seitanismymotor.com
www.maplespice.com
www.veganguerilla.de
www.eat-this.org
www.foodnfotos.blogspot.de

www.twoodledrum.blogspot.co.at
(mit großer Liste veganer blogs)
www.veganwelt.de (mit Rezeptdatenbank und vielen Links)

Allgemeine Seiten für Veganer
(jeweils mit Restaurantlist bzw.
Restaurantfinder)

www.happycow.net
www.vegan.at
www.veganblatt.com

DER BLOG DER AUTORIN

www.100-vegetal.com